UNIVERSITÉ DE LYON — FACULTÉ DE DROIT

L'IMPOT DES BOISSONS

ET SA RÉFORME

THÈSE POUR LE DOCTORAT

(Sciences Politiques)

PRÉSENTÉE ET SOUTENUE DEVANT LA FACULTÉ DE DROIT DE LYON

le 24 Mars

PAR

A.-C.-E. LACLAVIÈRE

Commis principal des Contributions Indirectes
à la Direction de la Loire

MARSEILLE
IMPRIMERIE MARSEILLAISE
39, Rue Sainte, 39

1900

FACULTÉ DE DROIT DE LYON

MM. CAILLEMER, O. ✵, C. ✠, I. ✪, doyen, professeur de Droit civil, correspondant de l'Institut.

MABIRE, I. ✪, professeur honoraire.

THALLER, I. ✪, professeur honoraire, professeur à la Faculté de Droit de Paris.

GARRAUD, I. ✪, professeur de Droit criminel.

APPLETON (Charles), I. ✪, professeur de Droit romain.

FLURER, I. ✪, professeur de Droit civil, assesseur du doyen.

ROUGIER, I. ✪, professeur d'Economie politique.

COHENDY, ✵, I. ✪, professeur de Droit commercial.

PIC, A. ✪. professeur de Droit international.

BARTIN, I. ✪, professeur de Droit civil, chargé du cours de Droit international privé.

APPLETON (Jean), A. ✪, professeur de Droit administratif, chargé du cours de Droit administratif (juridictions et contentieux).

LAMBERT, agrégé, chargé des cours d'Histoire générale du Droit, d'Histoire du Droit français, et de Droit civil comparé.

BOUVIER, agrégé, chargé des cours de Science et de Législation financières.

LAMEIRE, agrégé, chargé des cours d'Histoire du Droit public, de Droit administratif (doctorat politique) et de Principes généraux du Droit.

JOSSERAND, agrégé, chargé des cours de Procédure civile, de Voies d'exécution de Législation et Economie rurales.

BROUILHET, agrégé, chargé du cours d'Histoire des Doctrines économiques et du cours d'Economie politique (doctorat politique).

HUVELIN, agrégé, chargé du cours de Droit romain.

BECQ, (J.), A. ✪, secrétaire.

JURY DE LA THÈSE

MM. ROUGIER, professeur. *Président.*

APPLETON Jean, professeur. } *Assesseurs.*
BOUVIER, agrégé. . . . . . }

A MA MÈRE

L'IMPOT DES BOISSONS
ET SA RÉFORME

INTRODUCTION

L'origine des droits sur les boissons est aussi ancienne que les sociétés ; ces droits ont été longtemps considérés, malgré de nombreuses critiques, comme l'impôt indirect par excellence, en ce sens que son revenu offre des ressources croissantes aux Etats modernes, écrasés sous le double poids de leur dette séculaire et de leurs armements à outrance.

En France, nous retrouvons l'impôt des boissons à toutes les époques de notre histoire. Aussi c'est avec raison que le comte Français, député de l'Isère, pouvait écrire en 1820 : « L'origine des Contributions Indirectes se perd dans la nuit des temps, il n'y a pas en Europe de noblesse plus ancienne que la leur. » Cela est si vrai que l'une des taxes qui soulève le moins de contestations, le droit de circulation, existait déjà au temps des rois de la première monarchie, sous forme d'impôt perçu sur le transport par charrette, le *rodiaticum*. Mais, comme tous les impôts qui apportent des ressources importantes à l'Etat, le nôtre n'a pas échappé à la critique. Le comte Français ajoutait : « Les Contributions Indirectes, depuis Chilpéric, ont glissé à travers les siècles au milieu des railleries des gens de bon ton, des réclamations des économistes (1), des imprécations des buveurs et telle est leur nature que, dans quelque situation qu'on se soit trouvé, on n'a jamais pu s'en passer ; elles se sont attachées et comme cramponnées à notre ordre social avec une telle force qu'elles semblent en faire partie intégrante. » Qui ne connaît le mot de Napoléon Ier à Sainte-Hélène : « Ce sont les droits sur les boissons qui m'ont perdu. » De nos jours, M. Leroy-Beaulieu, dans son *Traité de la Science des Finances*, émet cette affirmation : « Si l'on pouvait supprimer les droits sur les boissons ou du moins sur les boissons d'un usage courant, on aurait rendu un grand service au

---

(1) *Opinions sur les Contributions Indirectes.*

pays, on aurait réconcilié avec le gouvernement des classes entières de la population, qui ne voient en lui qu'un ennemi. (1) » Mais avant d'étudier les réformes que nécessitent le changement des mœurs, ainsi que les conditions économiques, industrielles et agricoles nouvelles, il faut étudier le régime ancien et le régime actuel, dont la base est la loi du 28 avril 1816.

---

(1) Leroy-Beaulieu. *Traité de la Science des Finances*, p. 641.

PREMIÈRE PARTIE

CHAPITRE PREMIER

Les précédents de la loi de 1816

SECTION I. — L'IMPOT DES BOISSONS SOUS L'ANCIEN RÉGIME ET SOUS LA RÉVOLUTION

La législation des boissons ne s'est pas établie d'un seul coup, elle s'est faite à la manière d'un terrain d'alluvion, par stratifications lentes où chaque parcelle ne se dépose que lorsque la parcelle précédente est fixée. Les divers ouvrages de législation financière attribuent à Napoléon Ier l'honneur d'avoir établi la législation actuelle. Cette opinion est trop absolue. Comme il n'a pas créé d'une seule pièce le code qui porte son nom, l'empereur n'a pas créé l'impôt des boissons ; il n'a fait que codifier des coutumes éparses ou que remettre en vigueur d'anciennes ordonnances ; aussi faut-il remonter plus haut dans l'histoire pour découvrir l'origine de l'impôt actuel.

La première taxe connue est le *rodiaticum*, édicté par un capitulaire de Pépin le Bref, taxe sur le transport des vins par charrette, encore incertaine ; et, en effet, on ne trouve de documents précis sur la matière qu'à l'établissement des aides.

Les aides étaient un impôt consenti par le vassal au suzerain, limité à quatre cas : faire la guerre, départ pour la Terre Sainte, établissement du fils aîné, mariage de la fille ; il est accordé pour la première fois par les Etats-Généraux (1), en 1355, au roi Jean, fait prisonnier à la bataille de Poitiers. D'abord impôt exceptionnel, les aides ne deviennent ordinaires qu'à partir du règne de Charles VII ; elles sont alors établies au profit exclusif de la royauté, mais elles ne sont levées que dans les deux cinquièmes du royaume, les pays du ressort des cours de Paris et de Rouen (2).

Les aides se composent : du droit de gros ou prélèvement de 5 0/0 sur le prix de vente, auquel s'ajoute l'augmentation fixée à 16 sols 3 deniers par muid ; du droit de huitième ou de 5 livres 8 sols et de 6 livres 13 sols

---

(1) Le droit féodal n'autorise pas la création d'un impôt nouveau, non reconnu par la coutume, mais le roi peut, dans certains cas déterminés, demander aide à ses sujets : telle est l'origine de l'impôt. Impôt si peu légal que saint Louis, voulant établir, sous forme de droit d'entrée et de sortie, des aides à Aigues-Mortes, en demanda l'autorisation à Clément VII, qui ne l'accorda qu'à la condition d'avoir l'assentiment de ses prélats, des barons et des villes voisines. Jean le Bon, malgré sa promesse de la permanence du vote des aides par les Etats, oublia bientôt cette promesse.

(2) Stourm. *Les finances de l'ancien régime et de la Révolution.*

par muid, suivant la nature du débit, frappant les ventes au détail, et, enfin, du droit de quatrième, proportionnel au prix de vente. A ces droits, il faut ajouter, à partir de 1680, ceux de jeaugeage, d'entrée, de sortie, d'annuel, réunissant la patente et la licence perçues encore de nos jours, puis des taxes supplémentaires; les anciens et les nouveaux cinq sols et toute une série de taxes locales dites « subvention » (1).

A la multiplicité de ces droits (2) venaient s'ajouter pour le contribuable les abus de la régie des aides. Abus et prévarications étaient innombrables et la rumeur publique accusait les cours des aides d'être subventionnées par la ferme générale. Vauban écrivait dans sa *Dîme royale* : « On se plaint partout et avec raison de la supercherie et de l'infidélité avec lesquelles les commis des aides font leurs exercices, on est forcé de leur ouvrir la porte autant de fois qu'ils le souhaitent et, si un malheureux, pour la subsistance de sa famille, d'un muid de vin en fait trois, en y ajoutant les deux tiers d'eau, il est en risque non seulement de tout perdre, mais encore de payer une grosse amende et il est bien heureux quand il en est quitte pour payer l'eau qu'il boit. »

---

(1) L. Say. *Dictionnaire des finances*.

(2) Ces droits étaient remplacés à Paris, comme de nos jours, par une *taxe de remplacement* ; les provinces où les aides n'étaient pas en vigueur avaient des impôts analogues, par exemple les *Equivalents* en Languedoc, les *Grands et Petits devoirs* en Bretagne, les *quatre membres* en Flandres.

Boisguillebert disait de son côté : « Vos traitants et vos commis sont plus redoutables pour le commerce que les pirates, les marchandises de la Chine et du Japon quadruplent de valeur à leur entrée en France ; les vins de l'Orléanais et de l'Anjou, qui valent sur les lieux un sol la mesure, se vendent en Picardie et en Normandie 20 et 24 sols. »

Voici donc la situation de l'impôt à la fin du dix-septième siècle ; d'une part, des taxes établies sans ordre, au fur et à mesure des besoins financiers ; d'autre part, des vexations perpétuelles pour le contribuable. Survient le dix-huitième siècle qui, dans l'histoire de la pensée humaine, est avant tout un siècle de critique ; les aides devaient dès lors subir un examen approfondi ; mais, chose curieuse, ce qui décida de leur réforme, ce ne fut ni leur incohérence, ni les fautes de leurs agents, mais une idée scientifique qui préside à la nouvelle évolution.

L'économie politique alors à son début, est tout entière dominée par l'école des physiocrates, théoriciens du laissez-faire, laissez-passer, hostiles aux impôts indirects. La Trosne donne la meilleure formule de l'idéal fiscal à son époque : « En vain combinerait-on l'impôt de mille manières différentes, il se réduira à l'impôt sur les terres, sur les personnes et sur les productions ; or, de ces trois manières de l'asseoir, il n'y a que l'impôt réel qui ait une base fixe, qui n'ait rien d'arbitraire. » (*Administration provinciale et réforme de l'impôt*).

En 1778, Necker, lors de son premier passage aux affaires, demandait la suppression des aides. Leur existence est dès lors profondément menacée, quoique leur organisation ait progressé au cours du siècle. En 1789, leur service est confié à 28 régisseurs généraux ayant sous leurs ordres, d'après Necker, 50.000 employés, l'Etat avait pour garantie des malversations le cautionnement de ces agents, qui s'élevait jusqu'à 1.200.000 livres pour les régisseurs. Le rendement des taxes sur les boissons est, en 1789, de 90 millions de livres (1).

Nous nous trouvons donc à la veille de la Révolution dans la situation suivante : d'une part, plainte des contribuables ; d'autre part, hostilité des économistes ; les aides ne peuvent pas subsister et l'Assemblée Constituante, malgré l'opposition de Rœderer, les abolit. Décret du 19-25 février 1791.

Mais en dépit de l'enthousiasme apparent et de la presque unanimité de l'Assemblée, cette abolition ne se fit pas d'un seul coup ; elle fut précédée d'études laborieuses en vue de maintenir en vigueur, avec quelques modifications, la législation existante. Trois projets avaient été examinés et deux d'entre eux avaient pour auteur des régisseurs généraux de la ferme des aides ; celui de Didelot, qui réduisait les taxes au nombre de quatre :

---

(1) Stourm. *Les finances sous l'ancien régime.*

droits d'inventaire, de vente en gros, de vente en détail. d'entrée dans les villes ; celui de Levacher, qui ne créait qu'un droit de circulation et un droit de détail. La Constituante chargea Dupont de Nemours, malgré son hostilité, d'examiner ces deux projets, de les fondre ou d'en proposer un nouveau. Le rapporteur s'attacha surtout à défendre le droit d'entrée, mais si faiblement, qu'il vit « en pleurant de joie », suivant ses propres termes, sa proposition repoussée. Dès lors, tant que durera la période révolutionnaire et malgré quelques tentatives timides du Directoire pour le ressusciter, l'impôt des boissons ne sera plus perçu en France.

SECTION II. — LE RÉTABLISSEMENT DES DROITS

La faute de la Constituante apparut dans tout son éclat sous le Consulat ; la contribution foncière, chargée de subvenir à elle seule à toutes les dépenses courantes, augmentées encore par les frais de guerres continuelles, devient insuffisante, tout en écrasant le contribuable ; la théorie d'impôts directs, seuls, a fait son temps et les économistes développent de plus en plus l'idée de la pluralité des impôts. Le Premier Consul put donc, au lendemain de son élévation à l'Empire, sans qu'aucune réclamation ne se fît jour, rétablir les droits sur les boissons. (Loi du 5 ventôse an XII.)

La loi du 5 ventôse inaugure le système dit de l'inventaire. Chaque année, dans les six semaines de la récolte, toutes les quantités recueillies sont inventoriées ; un recolement effectué l'année suivante permet de faire payer les droits sur les manquants, au tarif de 0 fr. 40 l'hectolitre.

La loi du 24 avril 1806 crée le droit de circulation et le droit de détail ; le droit de circulation est encore un droit *ad valorem* qui ne devient un droit fixe qu'en 1808, lors de la suppression de l'inventaire et de la création du droit d'entrée.

Les droits sur les eaux-de-vie gardent une forme vague jusqu'en 1812, époque à laquelle elles sont assujetties à un droit de 15 0/0 *ad valorem ;* la taxation au degré ne devait apparaître que plus tard (1).

La loi de 1808 applique encore à la bière un droit unique perçu à la fabrication.

En 1814, loi du 8 décembre, tous les progrès accomplis sont constatés et codifiés, mais pendant la période des Cent Jours le décret du 5 avril 1815 tente de renverser l'édifice si péniblement construit ; son effet est de courte durée et la Restauration avec la loi 28 avril 1816 établit définitivement l'impôt des boissons ; c'est cette loi sous le régime de laquelle nous vivons.

(1) Trescazes. *Dict. des Cont. indirectes.*

Nous venons de citer des dates et des textes législatifs seulement, pour bien se pénétrer de leur importance, il ne faut pas oublier les faits dont ils furent contemporains. L'ancienne hostilité contre la régie des aides est restée à l'état latent dans l'esprit populaire, les vexations des commis aux exercices sont toujours enregistrées dans la mémoire collective de la foule, l'impôt à l'inventaire rappelait trop l'ancien état de choses. Malgré les adoucissements de la loi de 1808, la haine persiste et les Bourbons, à leur retour en France, furent partout accueillis aux cris de : « Plus de droits réunis ! » Les provinces refusent de payer l'impôt indirect et le Midi arrache au duc d'Angoulême la promesse de leur suppression. Cette tendance se manifeste même dans le conseil du roi, où le baron Louis défend les droits du trésor et répond au comte d'Artois, lui rappelant la promesse du duc d'Angoulême : « Il y a une autre promesse que vous avez faite, c'est d'acquitter la dette publique, et cette promesse-là vaut bien l'autre. »

Nous pouvons dès maintenant avoir une idée très nette de la suite de cette étude : jamais l'impôt n'a été accepté sans murmures et, de nos jours comme autrefois, il est l'objet de vives critiques. Mais avant de les examiner, il nous faut faire un exposé de la législation qui nous régit et dont le principe fondamental est la loi de 1816.

CHAPITRE II

Le Régime actuel des Boissons.

LES DROITS

Définition des taxes qui frappent les Boissons.

Les droits sur les boissons se composent :

a. Du droit de circulation ;

b. Du droit d'entrée, de remplacement aux entrées et de taxe unique ;

c. Du droit de détail ;

d. Du droit général de consommation :

e. Du droit de fabrication des bières ;

f. Du droit de fabrication sur les vins de raisins secs.

SECTION I. — LES VINS, CIDRES, POIRÉS ET HYDROMELS

A. Droit de circulation.

L'article 1er de la loi du 28 avril 1816 l'énonce ainsi : « A chaque enlèvement de vins, cidres, poirés et hydromels, il sera perçu un droit de circulation (1). »

(1) Les cidres, poirés et hydromels, à part une légère différence de tarif, étant soumis aux mêmes droits, nous nous contenterons du terme général de vin.

Cette taxe est perçue par hectolitre suivant le tarif différentiel suivant : vins en cercle et en bouteilles dans les départements de 1re classe, 1 fr.; de 2e classe, 1 fr. 50; de 3e classe, 2 fr. Ces tarifs ont été réglés sur la valeur des vins dans certains départements. On verra plus loin, au chapitre de la réforme de l'impôt, combien cette tarification est peu justifiée aujourd'hui.

Un tarif différent est applicable aux quantités expédiées de 25 litres et au-dessous ; dans ce cas, c'est le droit de détail qui est perçu. Nous en reparlerons au chapitre spécial à ce droit.

En principe, tout déplacement de vins entraine le paiement du droit de circulation. Toutefois, des exceptions sont admises (1) :

1° Lorsque les vins sont enlevés pour l'étranger ou pour les colonies françaises. — Article 5 de la loi du 28 avril 1816 ;

2° Lorsqu'ils sont à destination du pays de Gex, de la zone de Savoie et de la Principauté de Monaco ; art. 1er de l'ordonnance du 31 janvier 1840 ;

---

(1) A ne considérer que l'article 1er, le droit de circulation se présente comme un droit dû sur le transport des boissons. Mais la série d'exceptions qui suivent ci-dessus démontre que la taxe est exigible non pas à raison de la mise en mouvement, mais à raison du but dans lequel est fait ce mouvement. Le vin entre dans la consommation, il est soumis à l'impôt ; il est soumis à une vente ultérieure, l'impôt est provisoirement suspendu. Quelques autres exceptions sont admises, mais ce sont soit des faveurs faites à certaines catégories, les voyageurs, soit une conséquence du principe, l'exportation, la consommation n'a pas lieu sur le territoire national. On verra mieux cette conséquence au chapitre « De la Bière ».

3° Lorsqu'ils constituent les provisions de bord des navires de guerre ou armés pour la grande pêche ; décision de l'Administration (1) ;

4° Les voyageurs ne sont pas tenus de le payer pour les vins destinés à leur usage pendant le voyage, pourvu qu'ils n'en transportent pas au delà de trois bouteilles par personne. — Article 18 de la loi du 28 avril 1816 ; — pour les vins seulement (2).

Le droit de circulation n'est pas exigible lorsque les vins sont à destination des débitants, des négociants, marchands en gros, courtiers, facteurs, commissionnaires, distillateurs, fabricants de vinaigres et tous autres, munis d'une licence de débitant, de marchand en gros ou de distillateur. — Article 82 de la loi du 25 mars 1817. Une prise en charge du vin au compte du destinataire, suivi par la Régie, garantit le droit.

L'exemption du droit de circulation est accordée pour les vins qu'un récoltant fait transporter de son pressoir ou d'un pressoir public à ses caves ou celliers ou de l'une à l'autre de ses caves. — Article 15 de la loi du 25 juin 1841. Cette exemption est restreinte aux transports effectués dans l'étendue du canton où la récolte a été faite et des communes limitrophes de ce canton, que

---

(1) Circulaire de la Direction générale des Contributions indirectes 31 du 12 novembre 1819. — 40 du 4 mai 1830.

(2) Cassat., 10 février 1831

celles-ci soient ou non du même département. — Article 20 du décret du 17 mars 1852.

Ont droit aussi à la franchise les vins expédiés par un détenteur non entrepositaire ou, pour mieux dire, un simple particulier, d'une de ses caves dans des lieux sujets au droit d'entrée dans un autre domicile. — Article 84 de la loi du 15 mai 1818.

Dans les autres lieux, l'Administration étend le même bénéfice au cas de déménagement, si le transporteur justifie que les vins ont acquitté une première fois le droit de circulation. Elle admet aussi l'immunité entière du droit et la libre circulation pour les envois d'échantillons, sous la condition que ces échantillons soient renfermés dans des flacons dont la contenance ne dépasse pas 25 centilitres et que la quantité totale transportée à l'adresse d'un même destinataire ne soit pas supérieure à 3 litres. — Art. 84, loi du 15 mai 1818.

Aux termes de l'article 6 de la loi du 28 avril 1816, aucun enlèvement ni transport de boissons ne peut être fait sans déclaration préalable de l'expéditeur ou de l'acheteur, et sans que le transporteur soit muni d'un titre pris au bureau de la Régie.

Ce bureau est établi dans toutes les communes où il est présenté un habitant solvable qui puisse remplir les fonctions de buraliste. — Article 233 de la loi du 28 avril

1816.— Il est ouvert au public depuis le lever jusqu'au coucher du soleil (1).

Toute personne qui veut transporter du vin doit aller à la recette buraliste pour y lever un titre de mouvement (2). Cette pièce n'est délivrée que sur des déclarations énonçant les quantités, espèces et qualités des boissons, les lieux d'enlèvement et de destination, les noms, prénoms, demeures et professions des expéditeurs, voituriers et acheteurs ou destinataires. — Article 10 de la loi du 28 avril 1816.

Outre les indications qui précèdent, les déclarations doivent contenir les principaux lieux de passage que devra traverser le chargement et les divers modes de transport qui seront successivement employés. — Article 12 de la loi du 4 août 1844.

Le vin doit être conduit à la destination déclarée dans le délai porté sur le titre de mouvement. Ce délai est fixé en raison des distances à parcourir et des moyens de transport. — Articles 13 de la loi du 28 avril 1816 et 13 de la loi du 17 juillet 1880.

---

(1) *Mémorial des Contributions indirectes*, t. XV, page 174.

(2) Les titres de mouvement se ramènent à trois types ; 1° le passavant, qui ne comporte pas le paiement des droits ; 2° le congé, qui sert en même temps de quittance des droits ; 3° l'acquit-à-caution, dont la délivrance implique une suspension des droits. Cette suspension est soumise à une prescription spéciale de quatre mois, à partir de l'expiration du délai de transport.

Les expéditions doivent être exhibées à toute réquisition des agents de la Régie. Loi du 28 avril 1816. — Article 17.

D'après la jurisprudence, le transport est réputé commencé dès que les fûts ou autres récipients contenant du vin se trouvent sur la voie publique ; c'est à partir de ce moment que le chargement est soumis aux enquêtes des agents qui ont qualité pour le vérifier : agents de la Régie, receveurs buralistes, débitants de tabacs et de poudres, préposés des octrois, des douanes, etc., etc. (1)

Le transporteur de boissons est tenu de justifier du paiement du droit de circulation, partant il est soumis à l'ensemble des vérifications qui ont pour but de s'assurer que la marchandise transportée est bien, en volume et en espèce, identique à celle indiquée au titre de mouvement, que les délais impartis par le buraliste ont bien été observés et qu'il n'y a pas eu deux transports sous le couvert d'un seul titre. Le refus de se soumettre à ces formalités est puni par la loi (2).

Est-ce à dire que le transport commencé ne puisse être suspendu ? Non, un accident de route peut obliger le transport à s'arrêter, sa situation ne devient pas pourtant illégale, dès que les délais de route sont expirés. Les art. 13 et 14 de la loi du 28 avril 1816 ont prévu cette situation, le transporteur va faire une déclaration dite

---

(1) Cassation, 19 juillet 1821. — Tribunal correctionnel de Louviers, 8 octobre 1887. — Caen, 11 avril 1888.

(2) Amende de 200 à 1000 francs, confiscation, art. 17 et 19 de la loi du 28 avril 1816, 7 de la loi du 21 juin 1873.

de transit au bureau le plus voisin, il dépose sa marchandise chez la personne qui consent à l'accepter, *transitaire*, et qui vient signer la déclaration du transporteur.

Le transit ne se présume pas, un arrêt de la Cour de Cassation, 21 décembre 1888, décide qu'il y a contravention aux articles 1, 6, 13 et 14 de la loi de 1816, lorqu'une personne a reçu chez elle des vins destinés à un tiers, d'après l'expédition, même à titre de transit, sans que les formalités aient été accomplies.

B. — Droit d'entrée, de remplacement aux entrées et de taxe unique.

Le droit d'entrée remonte au 25 novembre 1808. Il a été maintenu dans la loi du 28 avril 1816 et ce sont encore les dispositions de cette loi qu'on applique aujourd'hui. D'après la définition donnée par l'article 3 de la loi du 12 décembre 1830, c'est une taxe sur les boissons qui est perçue dans toutes les villes ayant une population agglomérée de 4.000 âmes (1). Le tarif actuellement appliqué est celui fixé par la loi du 19 juillet 1880. Il a pour base la classe du département (2). D'un autre côté, les communes assujetties au droit d'entrée sont

(1) Louis Hourcade, *Manuel encyclopédique des Cantrib. indir.*

(2) Les départements sont divisés pour la perception du droit de circulation en 3 classes avec des tarifs de 1 fr. 1 fr. 50 et 2 fr., suivant qu'ils appartiennent à une région de vignoble, à une zone rapprochée ou à un pays non producteur.

rangées dans les diverses classes du tarif, en raison de leur population agglomérée (1).

Le droit d'entrée est exigible au moment de l'introduction des boissons dans la ville ou à l'enlèvement des entrepôts. On sait que les entrepositaires jouissent du crédit des droits sur les boissons qu'ils ont en magasin. Ainsi toutes les fois que le conducteur d'un chargement se présente à l'entrée de la ville, il doit acquitter le droit ou réclamer un passe-debout qui garantit le droit ; toutes les fois que le chargement est à une autre destination que celle d'un entrepositaire, la taxe est exigible. Ce même droit est perçu également sur les vendanges et les fruits à cidre ou à poiré à raison de trois hectolitres de vendanges pour deux hectolitres de vin, et de cinq hectolitres de pommes ou poires pour deux hectolitres de cidre ou de poiré. Art. 23 de la loi du 28 avril 1816.

Quant aux fruits secs destinés à la fabrication du cidre ou du poiré, ils sont imposés à raison de 25 kilogrammes de fruits pour un hectolitre de cidre ou de poiré.

Sont affranchies du droit d'entrée :

1° Les préparations pharmaceutiques constituant des médicaments ou des remèdes (2) ;

---

(1) Circulaire 38 de la Direction générale, 22 août 1892.
(2) Cass. 28 juin 1889.

2° Les boissons embarquées à bord des bateaux de pêche (1) ;

3° Les boissons consommées par les marins en rade, de même que celles qui se trouvent à bord d'un navire en relâche dans un port (2).

La plupart des villes étant fermées, le droit d'entrée est payé aux portes ; ailleurs les redevables l'acquittent à un bureau situé au centre de la ville. Ce sont les agents des octrois établis dans les villes qui sont chargés de la perception du droit d'entrée ; c'est là une obligation qui découle des termes de l'article 154 de la loi du 28 avril 1816. Comme de juste, la perception du droit d'entrée au profit du Trésor donne lieu à des remises en faveur des agents de l'octroi qui l'ont effectuée (3).

Qui ne connaît la règle d'après laquelle quiconque se présente aux barrières d'une ville doit déclarer ce qui est soumis aux droits? Voici en vertu de quoi elle s'exerce: tout conducteur de boissons est tenu, avant de les introduire dans un lieu sujet au droit d'entrée, d'en faire la déclaration au bureau d'octroi, de produire les pièces de régie dont il est porteur et d'aquitter le droit, si les

---

(1) Décision du conseil d'administration des Contrib. indir. (11 février 1818) *Recueil chronologique des Contrib. indir.*

(2) Décision du ministre des finances (10 avril, 6 juin 1809) *Recueil chronol.*

(3) Louis Hourcade. *Manuel encyclopédique des Cont. indir.*

boissons sont destinés à la consommation du lieu. — (1) article 24 de la loi du 28 avril 1816.

Les boissons ne peuvent être introduites dans un lieu sujet au droit d'entrée que pendant les heures fixées par l'article 26 de la même loi.

L'obligation imposée par l'article 24 cité plus haut s'étend aussi à toute personne qui récolte des boissons dans l'intérieur des villes soumises au droit d'entrée ; elle doit en faire la déclaration au bureau de la Régie et acquitter immédiatement le droit, si elle ne réclame la faculté de l'entrepôt.

Comme de juste encore, le droit d'entrée n'est perçu que sur les quantités de boissons qui doivent être consommées dans la ville. Pour celles qui ne font que la traverser ou qui sont conduites à un marché, le crédit du droit est accordé au moyen d'un permis de *passe-debout*, à la condition de consigner ou de cautionner le montant du droit à l'entrée. La somme consignée est restituée ou la caution est libérée après que la sortie des boissons a été justifiée. La faculté de les faire escorter

---

(1) Deux arrêts de la Cour de Cassation sur les deux seuls cas qui lui ont été soumis prouvent la rigueur de cette règle :

1° Les boissons même destinées à un entrepositaire — par conséquent qui n'acquittent aucun droit à l'entrée — ne sont pas dispensées de la déclaration. 12 novembre 1835.

2° Le conducteur qui ne s'arrête pas au bureau d'entrée sous prétexte que l'Administration a, dans l'intérêt de la voirie, interdit le stationnement des voitures à l'entrée de la ville, n'est pas fondé à exciper de cette mesure comme d'un cas de force majeure, 6 septembre 1845.

est aussi accordée à quiconque la demande. La sortie doit être effectuée dans les 24 heures, à moins qu'il n'y ait une déclaration de transit qui a pour effet de proroger ce délai pour un temps illimité. Nécessairement la consignation ou le cautionnement du droit d'entrée garantissent la taxe pendant toute la durée du transit.

On a vu plus haut que les entrepositaires jouissent du crédit des droits sur les boissons qu'ils ont en magasin. L'article 31 de la loi du 28 avril 1816 stipule que tout négociant ou propriétaire pourra réclamer l'admission des boissons en entrepôt(1). L'entrepositaire est tenu d'acquitter les droits sur les quantités non représentées et sur les quantités pour lesquelles il ne fournit aucune justification de sortie du lieu soumis au droit d'entrée. Nous y reviendrons lorsque nous étudierons les diverses obligations légales qui sont imposées aux marchands en gros.

Le droit d'entrée s'ajoute au droit de circulation que doivent acquitter les simples consommateurs et au droit de détail qui est constaté chez les débitants. Il ne laisse pas que d'être une charge assez lourde pour les uns et les autres, comme nous le démontrerons au chapitre de la réforme de l'impôt des boissons.

(1) L'Instruction du 10 janvier 1809, § 56, définit ainsi l'entrepôt : « L'autorisation accordée à certaines personnes d'introduire dans un magasin public ou privé les boissons assujetties au droit d'entrée sans acquitter ce droit. »

Taxe unique aux entrées

On a pu se rendre compte par ce qui précède que, dans les villes soumises au droit d'entrée, il existe deux classes de contribuables ; les consommateurs, c'est-à-dire les simples particuliers, et les débitants. Avec le régime de la taxe unique, consommateurs et débitants ne forment plus qu'une seule classe de redevables, tous paient la même taxe.

La taxe unique peut être établie dans les villes agglomérées de 4.000 âmes et au-dessus, sur la demande des conseils municipaux ; elle est rendue obligatoire dans les villes de 10.000 âmes et au-dessus par l'article 1er de la loi du 9 juin 1875.

Perçue au moment de l'introduction des chargements de boissons dans les villes, comme le droit d'entrée, elle entraîne la suppression de l'exercice chez les débitants. Les marchands en gros ou entrepositaires conservent la faculté du crédit de l'impôt. C'est, en un mot, la conversion en une seule taxe des droits d'entrée et de détail sur les vins, cidres, poirés et hydromels. C'est l'affranchissement de l'exercice que paient tous les débitants d'une ville.

Le tarif de la taxe unique est revisé de cinq ans en cinq ans et ses bases reposent sur le prix moyen de la vente en détail dans l'arrondissement, et sur le rapport entre les quantités reçues par les débitants et les quantités consommées par les simples particuliers et les récoltants. Il s'agit ici encore d'une taxe beaucoup plus lourde pour la généralité des habitants que le droit d'entrée(1), et bien heureux sont les gens des campagnes qui n'ont à acquitter que le droit de circulation.

Cette taxe paraît d'ailleurs d'autant plus lourde que les débitants sont astreints aux droits de licence et de circulation et à toutes les formalités à la circulation dans les villes rédimées ; c'est ainsi qu'on appelle celles qui sont placées sous le régime de la taxe unique. Pour en assurer plus efficacement la perception, l'article 6 de la loi du 9 juin 1875 impose à quiconque présente un chargement à l'entrée d'une ville rédimée l'obligation de présenter un acquit-à-caution qui garantit le sextuple droit de circulation sur les vins, cidres, poirés et hydromels. La taxe unique, comme le droit d'entrée, est perçue par les agents de l'octroi, qui, de ce fait, touchent des remises d'après un tarif fixé par la Régie.

Taxe de remplacement aux entrées

A Paris et à Lyon, une taxe dite de remplacement aux entrées est établie en vertu de l'article 92 de la loi du 28

(1) Bertrand et Deschamps. *Traité de jurisprudence générale.*

avril 1816 pour Paris, et de l'art. 1er du décret du Gouvernement de Bordeaux du 30 janvier 1871, pour Lyon. Dans ces deux villes, les droits de circulation, d'entrée, de détail et de consommation sont remplacés par une taxe unique aux entrées. Cette taxe se trouve garantie par l'acquit-à-caution qui doit accompagner les boissons venant de l'extérieur.

A Paris, l'entrepôt à domicile est interdit. Il en est de même de la fabrication et de la distillation des eaux-de-vie et esprits. L'avantage de ces mesures prohibitives est de rendre absolument libre la circulation des boissons. C'est payer cher cet avantage, car le taxe de remplacement sur les vins est, à Paris, de 8 fr. 25 (1) et, à Lyon, de 7 fr. 09 (2) par hectolitre.

A Lyon l'entrepôt à domicile existe et, comme conséquence, les formalités à la circulation sont imposées à tous.

Pour les eaux-de-vie et esprits introduits dans Paris pour être transformés en liqueurs ou autres spiritueux composés, l'Administration, en vue d'ouvrir le marché de la province aux liquoristes de Paris, a accordé le régime de l'admission temporaire créé par l'article 5 de la loi du 5 juillet 1836.

---

(1) Loi du 19 juillet 1880, art. 3.
(2) Décret du 30 janvier 1871.

C. — Droit de détail

Toute vente de vins faite à des consommateurs par les marchands en gros, les récoltants, les colporteurs et les simples particuliers, en quantités inférieures à 25 litres, est passible du droit de détail. Dans ce cas le droit est perçu à l'enlèvement d'après le prix moyen, établi à la fin de chaque année, au lieu de l'expédition. Ceci résulte de l'article 16 du décret du 17 mars 1852.

L'article 47 de la loi du 28 avril 1816 soumet au droit de détail les vins vendus par les débitants ; ce droit a été fixé par l'article 4 de la loi du 19 juillet 1880 à 12 fr. 50 pour cent du prix de vente. Il est assuré par l'exercice. Le prix de vente doit être déclaré par le débitant ; la loi du 28 avril 1816 fournit aux employés chargés de l'exercice des débits de boissons le moyen de discuter la déclaration du débitant, de la faire rectifier ou d'en constater l'inexactitude. Et, en effet, aux termes de l'article 48 de la même loi, les vendants au détail sont tenus de déclarer aux employés les prix de vente de leurs boissons chaque fois qu'ils en sont requis ; ces prix sont inscrits tant sur les registres du service de la Régie que sur une affiche apposée par le débitant dans le lieu le plus apparent de son établissement. Il résulte de ces dispositions que toute vente à un prix plus élevé que celui déclaré constitue une contravention (1).

Les contestations sur le prix de vente sont déférées au Maire avec appel au Conseil de préfecture. Cet appel n'est pas suspensif, le droit est provisoirement perçu après la décision du Maire, sauf restitution (2).

Comme il est dit plus haut, le droit de détail *ad valorem* est perçu par exercice chez les débitants L'article 50 de la loi du 28 avril 1816 l'impose aux aubergistes, traiteurs, restaurateurs, maîtres d'hôtels garnis, cafetiers, liquoristes, buvetiers, débitants d'eaux-de-vie et autres, donnant à manger au jour, au mois et à l'année.

Toute personne qui veut ouvrir un établissement de vente en détail doit faire une déclaration à la Mairie (3) ; la même déclaration est exigée pour toute mutation dans la personne du propriétaire et du gérant et aussi pour toute translation du débit d'un lieu dans un autre. Munie de l'autorisation d'ouverture de l'établissement, elle doit faire une déclaration au bureau de la Régie et, à partir de ce moment, elle est soumise à la licence et à la patente ; cette dernière est constatée par l'Administration

---

(1) Le débitant ne peut en aucun cas exiger une rétribution supplémentaire fixe pour : frais de service, droit de stationnement, pourboire ; ces sommes, si elles ne sont pas laissées à la générosité du consommateur, doivent être comprises dans le prix de vente. — Bordeaux, 11 juillet 1878.

(2) Loi du 28 avril 1816, art. 49.

(3) Loi du 17 juillet 1880, article 2.

des Contribution Directes. Mais certaines personnes exemptées de la déclaration d'ouverture sont, néanmoins, soumises à la licence, aux exercices et au paiement du droit de détail ; il s'agit alors de cas d'espèce ou d'une appréciation de faits, par exemple : l'entrepreneur de travaux qui donne à boire et à manger à ses ouvriers, s'il n'a pas convenu avec eux qu'accessoirement au prix du louage d'industrie, il serait tenu de leur fournir des aliments (C. A. Grenoble, 10 mai 1879); l'entrepreneur de travaux qui fournit à ses ouvriers du vin en dehors de leur repas. (Aix, 9 juillet 1880) ; la société coopérative qui achète des boissons en gros pour les revendre en détail à ses membres (Cassation, 20 juin 1873). On voit par là que l'énumération de l'article 50 n'est pas limitative et que bien des personnes peuvent être soumises au droit de détail. L'Administration a soin de ne pas tomber dans un excès contraire et de donner une trop grande extension à l'article 50, en interprétant, *lato sensu*, les mots « tous ceux qui donnent à boire ou à manger » et en soumettant quiconque aux exercices ; ainsi sont dispensés de la licence et, par suite, du paiement du droit de détail, les personnes qui, par des motifs de liaison ou de parenté, reçoivent dans une maison privée des étrangers qu'elles nourrissent (1) ; les personnes qui achètent, dans un débit,

(1) Cassation, 23 mai 1822.

du vin pour le compte d'autrui sans se livrer à aucune vente (1) ; l'ouvrier qui s'associe avec d'autres ouvriers pour acheter ses vivres et son vin, s'il ne retire pas dans cet achat un bénéfice personnel (2) ; etc..., etc. .

Au moment où il se munit de la licence, le débitant doit déclarer les espèces et quantités de boissons qu'il a en sa possession et le lieu de vente rendu apparent par une enseigne. Il se trouve, dès lors, soumis aux exercices qui ont pour but de recevoir la déclaration de prix de vente des vins et de soumettre au droit de détail, d'après ce prix, toutes les quantités vendues. Les agents de la Régie se présentent et prennent en compte à leurs registres les quantités existantes lors de l'ouverture du débit et celles reçues successivement. A chacune de leurs visites, ils établissent les quantités vendues et en fin de trimestre le droit de détail est perçu, comme il est dit plus haut, à raison de 12 fr. 50 pour cent de leur valeur.

Tout empêchement aux exercices, au droit de visite dans le lieu du débit et de ses dépendances, toute introduction de boissons non justifiée par un titre de mouvement de la Régie placent le débitant sous le coup de la loi (3).

---

(1) Cassation, 26 mai 1843.

(2) Cassation, 2 avril 1881.

(3). Au point de vue du refus d'exercice, le débitant est responsable du fait de sa femme ou de son préposé placé au comptoir. On peut citer comme cas d'espèce du refus d'exercice, des propos injurieux qui forcent les employés à se retirer. — Cassation 10 octobre 1822.

Le mécanisme de l'assiette du droit de détail est assez compliqué et surtout ingénieux. Tous les fûts sont marqués et les ventes sur chacun d'eux sont suivies par des signes apposés à la *rouanne* et reproduits sur les registres de la Régie qui font foi en justice. Il ne faudrait pas croire, pourtant, que toutes les mesures légales pour garantir l'impôt sont appliquées avec le caractère odieux que présente l'exercice. Presque toujours l'action des employés se borne à la simple constatation des ventes et ce n'est qu'en cas de soupçons de fraude qu'il est procédé à des visites s'étendant à toutes les parties de l'habitation du débitant. Celui-ci a, d'ailleurs, la possibilité de s'affranchir des visites fréquentes au moyen de l'abonnement individuel.

Quoi qu'il en soit, l'exercice est une entrave au commerce ; le débitant ne peut, par exemple, faire une vente en gros sans en prévenir les employés, ni effectuer un remplissage ou une transvasion sans autorisation, etc., etc.

Le débitant obtient décharge des quantités de vins perdues ou gâtées et il lui est accordé, pour tous déchets et pour consommation de famille, 3 0/0 de déduction sur le montant du droit de détail.

La cessation de commerce doit être précédée d'une déclaration et le débitant reste soumis aux exercices pendant trois mois ; c'est à lui qu'incombe la preuve de la déclaration de cesser (1).

Le débitant a la faculté de s'affranchir des exercices. Toutes les fois, dit l'article 70 de la loi du 28 avril 1816, qu'un débitant se soumettra à payer, par abonnement, l'équivalent du droit de détail, il devra y être admis par la Régie.

Les débitants abonnés sont affranchis des exercices — Article 4 de la loi du 12 décembre 1830.

Enfin, l'article 70 de la loi de 1816 dispose que lors que la Régie ne sera pas d'accord avec le débitant pour fixer l'équivalent du droit, le Conseil de préfecture prononcera, sauf le recours au Conseil d'Etat (2).

La situation des débitants abonnés est donc préférable à celle des débitants ordinaires puisque, moyennant un prix déterminé, ils sont affranchis des exercices et des formalités qui s'y rattachent (3).

Le régime de l'abonnement se généralise de jour en jour et l'Administration sait gré aux employés qui amènent les débitants à l'accepter. C'est là un grand pas fait vers la suppression de l'exercice.

---

(1) Loi du 28 avril 1816, article 67.

(2) Le Préfet statuant en Conseil de préfecture doit prendre en considération la consommation des années antérieures et les circonstances particulières qui peuvent influer sur le débit dans l'année où l'abonnement est requis, mais il ne peut baser sa fixation sur les abonnements consentis pour les années précédentes. — Conseil d'Etat, 22 juillet 1848.

(3) Loi du 28 avril 1816, art. 52 à 69.

Sauf certaines exceptions, fermeture du débit par autorité de justice, révocation en cas de fraude, les abonnements ont une durée d'un an ; et le droit de détail qu'ils représentent est exigible par mois et d'avance.

Outre l'abonnement individuel, il y a l'abonnement à l'hectolitre qui a pour avantage de faire disparaître les discussions entre les débitants et les employés relativement aux déclarations de prix de vente ; et l'abonnement par corporation, c'est-à-dire que la perception du droit de détail peut être remplacée par un abonnement réparti sur la totalité de la commune

D. — Droit général de consommation

Toute boisson ayant pour base l'alcool est imposée au droit de consommation.

D'après l'article 87 de la loi du 28 avril 1816, le droit général de consommation est perçu sur toute quantité d'eau-de-vie, d'esprit ou de liqueur composée d'eau-de-vie ou d'esprit.

Comme les vins, cidres, poirés et hydromels, l'alcool sous toutes les formes est soumis aux formalités à la circulation.

Le droit de consommation et les taxes d'entrée et d'octroi dans les villes sujettes sur les eaux-de-vie, les esprits et les liqueurs en cercles et en bouteilles sont perçus en raison de l'alcool pur contenu dans ces liquides proportionnellement au degré. — Articles 1er de la loi n° 3 du 24 juin 1824, 9 de la loi du 27 juillet 1870 et 1er de la loi du 26 mars 1872.

Pour les spiritueux en bouteilles, la quantité à imposer se détermine d'après le nombre de centilitres qu'elles contiennent ; on a ainsi le volume, qui est multiplié par les degrés des spiritueux et le produit de la multiplication forme la quantité d'alcool imposable.

Le tarif actuel est de 156 francs 25, décimes compris, par hectolitre d'alcool pur. Lois des 1er septembre 1871 et 19 juillet 1880.

A moins que les spiritueux ne soient mis en entrepôt ou destinés à des débitants dans les campagnes, le droit général de consommation est perçu à l'entrée (1) dans les villes soumises à la taxe unique et à l'enlèvement partout ailleurs.

Les déclarations d'enlèvement d'alcools et spiritueux doivent indiquer la contenance de chaque fût et le degré avec un numéro correspondant à celui placé sur le fût. Article 6 de la loi du 21 juin 1873.

Aux termes de l'article 7 de la loi du 16 décembre 1897, les expéditeurs d'alcool, lorsqu'il s'agit de chargements supérieurs à un hectolitre d'alcool pur, sont tenus d'ajouter à leurs déclarations la désignation de la tare

(1) Loi du 26 mars 1872, article 5.

et du poids brut de chaque fût déclaré avec le numéro du fût en regard, ainsi que la température à laquelle le degré alcoolique aura été constaté. Ces indications sont reproduites sur la pièce de Régie.

Pour ces mêmes chargements, l'acquit-à-caution doit être visé en cours de transport à un ou plusieurs bureaux des Contributions Indirectes, des Douanes ou de l'Octroi. La déclaration d'enlèvement doit être faite au moins deux heures à l'avance et le service de la Régie peut apposer une vignette ou un scellement. Article 8 de la même loi.

Nous savons comment est perçu le droit de consommation ; nous allons examiner les dispositions auxquelles sont assujettis les producteurs de matière imposable, bouilleurs et distillateurs.

M. Bertrand, directeur des Contributions Indirectes, définit ainsi les bouilleurs et distillateurs : « Ce sont ceux qui distillent le produit des récoltes et matières d'autrui, soient qu'ils fassent cette distillation pour le compte des propriétaires, mais en dehors du domicile de ceux-ci, soit qu'ils distillent pour leur propre compte les matières qu'ils ont achetées. »

Les bouilleurs sont les industriels qui distillent les vins, cidres ou fruits ; les distillateurs ceux qui travaillent d'autres matières susceptibles de produire de l'alcool.

Les distilleries se divisent en deux catégories : les distilleries industrielles et les distilleries agricoles.

Les distilleries industrielles sont celles qui rectifient soit des flegmes, soit des esprits imparfaits fabriqués dans d'autres établissements ou qui, mettant en œuvre des matières autres que les vins, cidres, poirés, marcs, lies et fruits, obtiennent par simple distillation ou par des opérations de rectification, des produits propres à être livrés directement à la consommation. Article 1er du règlement du 18 septembre 1879.

Les distilleries agricoles mettent en œuvre les mêmes matières, mais ne reçoivent aucune quantité d'alcool du dehors et ne produisent que des flegmes expédiés en totalité chez des rectificateurs.

Le contrôle des opérations de fabrication impose aux bouilleurs et distillateurs les obligations suivantes : déclaration de profession quinze jours avant le commencement des travaux, déclaration du nombre et de la capacité des appareils, obligation de se soumettre aux exercices. Les bouilleurs ambulants sont tenus de faire connaître quarante-huit heures à l'avance la circulation de leur alambic et l'itinéraire qu'il doit suivre.

L'exercice des distilleries est très sévère ; on ne peut en donner toutefois qu'une idée générale, car il est susceptible de certaines modifications suivant les usines. L'exercice est permanent, c'est-à-dire que les employés établis à poste fixe contrôlent, outre les sorties, toutes les opérations de fabrication. Ce contrôle est facilité par les mesures ci-après : coloration en rouge des tuyaux où circule l'alcool, établis de façon à ce que l'œil puisse les suivre dans tout leur parcours ; pose d'un indicateur à tube de verre sur tous les récipients faisant connaître leur contenance ; mention de la destination de ces récipients ; apposition de compteurs mesurant la quantité de liquide alcoolique coulant des alambics, etc , etc...

Le paiement des droits est différé grâce à la faculté d'entrepôt, mais l'alcool dès son apparition est muni, avec la prise en charge au portatif, d'un véritable état-civil qui, désormais, doit le suivre partout et indiquer sa situation au point de vue du Trésor.

E. — Droit de fabrication sur les vins de raisins secs et régime des vins de liqueur

Les discussions sur la réforme des boissons, les tendances montrées par le Parlement à dégrever les boissons hygiéniques ont amené le vote des lois du 6 avril 1897 et du 13 avril 1898, qui font sortir les vins de raisins secs et les vins de liqueur du cadre des vins ordinaires et les rangent sous un régime spécial que l'on peut appeler le « Régime des alcools fictifs ». Ces vins, tout en gardant leur dénomination première, sont placés sous le même régime que les alcools, sauf quelques différences tirées de leur nature propre.

L'article 1er de la loi du 6 avril 1897 dispose que la fabrication industrielle, la circulation et la vente des vins de raisins secs sont exclues du régime fiscal des vins et soumises aux droits et régime de l'alcool pour leur richesse alcoolique totale, acquise ou en puissance.

A la circulation, suivant qu'ils sont expédiés avec paiement ou garantie des droits, les vins de raisins secs sont accompagnés de congés ou d'acquits-à-caution mentionnant le volume, le degré et la quantité d'alcool pur.

Le compte des fabricants de vins de raisins secs est chargé : 1° d'une quantité de vin correspondant à la quantité de raisins secs mis en œuvre en raison de trois hectolitres de vin pour cent kilogrammes de raisins ; 2° d'une quantité d'alcool correspondant à cette quantité de raisins à raison de trente litres d'alcool pur par cent kilogrammes de raisins. Le compte est déchargé : 1° en ce qui concerne le volume, des quantités de vins qui, après l'achèvement de la fabrication, sont passibles du droit de fabrication et des pertes dûment constatées ; 2° en ce qui concerne les degrés, des quantités d'alcool pur qui, après chaque fabrication, sont prises en charge au compte des produits achevés, des quantités d'alcool correspondant aux pertes et des manquants.

Les manquants donnent lieu au paiement : 1° de la taxe de fabrication de 1 franc par hectolitre en volume ; 2° du droit général de consommation et, s'il y a lieu, des taxes locales sur l'alcool à raison de trente litres par cent kilogrammes de raisins.

Les dispositions législatives applicables aux vins de liqueur ont subi une transformation tout aussi complète que la précédente

La loi du 1-3 septembre 1871 ne faisait aucune distinction entre les vins de liqueur et les vins ordinaires, lorsque leur richesse alcoolique était inférieure à 15 degrés ; au delà et jusqu'à 21 degrés, ces vins supportaient les doubles taxes de l'alcool, pour la surforce alcoolique qu'ils contenaient, les quinze premiers degrés étant exempts des droits et la taxe afférente aux vins étant perçue sur l'ensemble du volume.

L'article 21 de la loi du 13 avril 1898 dispose ce qui suit : Les vermouts, vins de liqueur ou d'imitation, sont imposés pour leur force alcoolique totale, avec un minimum de 16 degrés pour les vermouts, de 15 degrés pour les vins de liqueur ou d'imitation ; ils sont passibles des demi-droits de consommation, d'entrée et d'octroi jusqu'à 15 degrés et des droits pleins au-dessus de 15 degrés. Par exception, l'article 21 de la loi maintient les vins doux naturels sous le régime des vins, moyennant le paiement du demi-droit de consommation sur l'alcool employé au mûtage.

F. — Droit de fabrication des bières

Le système fiscal applicable à la bière vient d'être complètement remanié par la loi du 30 mai 1899. Les législations de 1808 et de 1816, depuis longtemps critiquées, ont fini par succomber, mais leur principe est passé dans le nouveau texte et l'impôt reste perçu à la fabrication.

Comme on a pu le voir dans les pages précédentes, les boissons ne sont frappées d'une taxe qu'au cas où elles sont destinées à la consommation ; soumises à des ventes ultérieures, elles circulent sous le couvert d'un aquit-à-caution qui garantit le paiement éventuel des droits. La taxe de fabrication, au contraire, comporte un paiement immédiat, dès que l'objet est produit, quelle que soit sa destination.

Nous nous trouvons dès lors en présence d'un manque d'homogénéité dans le régime des boissons, que rien ne paraît justifier.

Si l'on considère que tous nos impôts indirects ont eu des précédents dans l'ancien droit, et qu'ils rappellent, à peu de chose près, les droits d'aide, nous trouverons peut-être une origine rationnelle à notre taxe. Avant la Révolution, la bière, comme les autres boissons, payait les droits de gros, d'entrée, de détail, etc. ; mais une ordonnance de 1625 l'assujettit à un droit de contrôle à la fabrication et, chose digne de remarque, les dispositions de l'ordonnance de 1625 passent presque entièrement dans la loi du 25 novembre 1808, que reproduit la loi du 28 avril 1816. Nous pouvons, dès lors, raisonnablement affirmer que le droit de fabrication reste dans notre code comme le vestige d'une législation disparue, la cause de cette persistance étant le peu d'usage de la consommation de la bière en 1808 et en 1816.

Toutefois, l'examen des principales législations qui régissent la brasserie, — sauf en Suède, où elle est franche de droits, et aux Etats-Unis, où l'impôt se perçoit à la circulation — nous fait voir que les taxes sont établies à la fabrication. Faut-il donc admettre, dans tous ces pays, la persistance d'un élément législatif disparu ?

Cet examen des législations fiscales étrangères, plus particulièrement des législations allemande et anglaise, nous permettra de remarquer encore que la taxe de fabrication n'y est pas une chose exceptionnelle et que, loin d'être le vestige d'une ancienne législation, elle est la législation actuelle. Donc, ces divers pays ont une théorie du régime des boissons absolument cohérente, se rapportant en entier au même principe.

D'autre part, on constate que chez nous, lorsque

l'impôt des vins fut rétabli, pendant tout le régime de l'inventaire, l'impôt fut perçu à la production, c'est-à-dire qu'il était une taxe de fabrication. Avant l'impôt actuel, les agents du fisc récolaient chez les vignerons les quantités existantes après la récolte, un recensement opéré l'année suivante faisait ressortir les manquants, sur lesquels les droits étaient exigibles. Par conséquent, à l'origine, comme à celle des législations fiscales étrangéres, notre législation a été une législation d'impôts à la fabrication ; ne pouvons-nous pas dire, de ces taxes, qu'il en est resté quelques traces ? Voilà l'explication du régime appliqué à la bière. Nous en arrivons alors à cette question : pourquoi ces traces n'ont-elles subsisté que pour la bière ?

Les causes de disparition de cet impôt à l'inventaire semblent l'expliquer. Sa perception était trop difficile, elle demandait une armée de fonctionnaires et cela à deux moments de l'année seulement, occupés à recenser un nombre considérable de producteurs, fonctionnaires qui restaient inutilisés dans l'intervalle des récoltes. Pour la bière, industrie à production continue et peu importante, il suffit d'un petit nombre d'agents d'exercice, toujours en fonction ; la nécessité d'un changement ne se fait pas sentir.

Donc il s'agit toujours en 1808, en 1816 et en 1899 d'un contrôle à la fabrication, principe posé en 1625 ;

mais pourquoi en 1625 établir un contrôle à la fabrication et ne pas se contenter des taxes déjà existantes ?

A cette époque la bière non seulement est peu consommée, mais encore elle l'est sur place, elle n'acquitte ni droits de péage, ni droits d'entrée ; le rendement de cet impôt est insuffisant, le contrôle à la fabrication vient s'y ajouter, comme un accessoire, qui doit dans la suite prendre une place prépondérante.

Du caractère d'impôt de fabrication qu'a la bière, on peut tirer deux conséquences :

1° Il est dû dès la première opération de fabrication, même si elle est interrompue. Par exemple, est taxable la préparation de matières sucrées et amères, provenant de l'orge et du houblon, destinée à procurer au consommateur de la bière par l'addition d'eau chaude et de ferment (1).

2° La deuxième conséquence a disparu de notre code, mais sa persistance pendant un certain nombre d'années n'en contribue pas moins à bien marquer le caractère de l'impôt. Le droit est dû, quel que soit le sort réservé à la boisson, serait-elle même exportée.

Pour les vins et les alcools, imposables à raison d'un fait de consommation, cela est naturel. L'article 1er de

(1) Cassation, 21 novembre 1840. — 21 juillet 1841.

la loi du 28 avril 1816 pose un principe : « A chaque enlèvement il sera perçu un droit de circulation. » Après cet article, toute une série d'exceptions, corollaire naturel de l'article 1er. Cette conséquence s'infère du début de l'article 3 : « Ne sont pas assujettis aux droits imposés par l'article 1er » et de l'article 5 : « Le transport des boissons pour l'étranger sera *également* affranchi. » Les articles 3, 4 et 5 se rattachent donc directement à l'article 1er.

Pour la bière il n'en est pas de même, le texte de l'article 107 dit : « Il sera perçu à la fabrication un droit de... » ; ici, plus de conséquences, un principe. Cependant, cet état de choses aurait pu porter préjudice aux intérêts de la brasserie, en fermant à nos produits le marché étranger : les bières françaises, grevées de leur droit intérieur et d'un droit de douane, ne pouvaient faire concurrence aux bières indigènes. Mais ce n'est que quatre ans après qu'une loi intervient, loi de finances du 23 juillet 1820, article 4 Les termes de cet article sont très nets, ils indiquent une dérogation au droit existant et ne le présentent pas comme un corollaire de l'article 107 de la loi de 1816 : « Le droit de fabrication sera restitué sur les bières qui seront expédiées à l'étranger ou pour les colonies françaises. » C'est-à-dire, le droit de fabrication, qui dans aucun cas ne peut être restitué lorsqu'il est perçu, sera pourtant remboursé dans un cas spécial. La loi de 1899 est encore venue aggraver cette exception, en l'entourant de tout un ensemble de formalités bien définies.

Nous venons de voir que tout commencement de fabrication pouvait donner lieu à l'application de la taxe; mais il faut bien comprendre ces termes de commencement de fabrication. La question peut se poser ainsi : A quel moment, la matière travaillée passe-t-elle dans le domaine fiscal ? Pour résoudre cette question, il est utile d'examiner d'une façon rapide la préparation technique de la bière. On sait que la bière est le liquide provenant de l'extraction de la partie sucrée de l'orge et amère du houblon, avec une addition d'eau chaude et d'un ferment qui en développe le principe alcoolique. L'orge moulue puis concassée prend le nom de malt. Cette première opération peut servir de fondement à un impôt, en effet, étant donnée une certaine quantité de bière qu'il produira. C'est le système adopté en Allemagne.

Le malt est mélangé dans la cuve matière à une eau ayant atteint la température de 43 degrés, — l'eau jetée sur l'orge s'appelle *trempe*, l'orge mouillée *drèche*, — on laisse infuser le mélange, puis on fait passer le liquide dans la chaudière, où s'opère la cuisson. C'est à ce moment que le houblon est ajouté à l'infusion d'orge. Cette seconde phase de l'opération a été choisie par la loi du 30 mai 1899 comme base de l'impôt, ainsi qu'on le verra plus loin.

La cuisson terminée, la bière passe dans les bacs refroidisseurs, puis dans la *cuve guilloire* pour fermenter ; on a ainsi obtenu un brassin. Certains impôts municipaux, l'octroi de Marseille par exemple, prennent l'opération terminée comme base de la taxe à établir. Le volume total du produit est imposé.

Le mode de perception de la loi de 1816 était plus simple encore : les droits n'étaient pas dus à raison des matières mises en œuvre ou de leur résultat, mais à raison de la dimension des vaisseaux de cuisson. Le volume des chaudières, sous le benéfice de certaines déductions, servait de fondement aux droits, à raison de 3 fr. 75 l'hecto de bière forte et 1 fr. 25 l'hecto de petite bière, quelle que fût la quantité fabriquée.

Nous étudierons dans la deuxième partie cette conception du législateur, juste au début, mais que les progrès de la science n'avaient pas tardé à fausser. Les industriels lui reprochaient, suivant les termes de la circulaire 340 (31 mai 1899) de la Direction générale des Contributions Indirectes, de se prêter difficilement à l'emploi en brasserie de méthodes perfectionnées, de fausser les conditions de la concurrence entre producteurs en n'assurant plus la rentrée intégrale des droits exigibles, de manquer de proportionnalité dans l'application des tarifs. L'insuffisance de cette méthode s'était révélée dès 1852 ; l'Administration avait dû régler par voie de concessions extra-légales les conditions d'exercice applicable à chacune des méthodes particulières de fabrication. Cette insuffisance s'était surtout accentuée lorsque l'industrie avait voulu mettre à profit les travaux de Pasteur sur la saccharification des matières amylacées et la culture des ferments dans les dissolutions sucrées.

Le droit de fabrication (de 1816) est remplacé par un droit de 0 fr. 50 par degré hectolitre de moût c'est-à-dire par hectolitre de moût et par degré du densimètre au-dessus de cent (densité de l'eau) reconnu à la température de 15°.

L'impôt et son contrôle sont ramenés à deux faits :

1° Production du degré hectolitre ;

2° Sa reconnaissance.

La production du degré hectolitre a une importance considérable que met bien en évidence ce passage d'une chronique anonyme du *Journal des Contributions Indirectes*. « La véritable mesure de la richesse d'une bière c'est l'extrait, c'est-à-dire, la quantité totale de matière utile que renferme le moût avant la fermentation. La richesse en extrait se constate facilement par la densité du liquide, elle lui est proportionnelle. Un hectolitre de moût, marquant 1° au densimètre légal, représente 2 kil. 6 de matière sèche en dissolution. Pour simplifier les calculs, on a pris comme base d'imposition le degré hectolitre, c'est-à-dire l'hectolitre de moût marquant 1 degré au densimètre. »

La reconnaissance du degré hectolitre servira de base à l'impôt ; ici plus de formalités. A la circulation, un constat, mais un constat très délicat que la loi a entouré de mesures sévères.

Outre les obligations générales des négociants de boissons : licence, enseigne, épalement de vaisseaux, les brasseurs doivent faire une déclaration qui présente certaines analogies avec la déclaration faite à l'enlèvement des spiritueux.

Toutes deux vont servir de point de départ à la perception de l'impôt ; le négociant indique au receveur buraliste qu'il va mettre en mouvement, c'est-à-dire, assujettir aux droits, une certaine quantité de boissons ; le brasseur indique qu'il va produire un quantum de degrés hectolitres susceptibles d'être taxés. Mais la dissemblance des assiettes de l'impôt impose une différence : le transporteur de boissons indique d'une façon exacte la quantité mise en circulation, le brasseur ne peut pas agir avec une telle précision, une différence de température, un changement de matières premières peuvent involontairement fausser sa déclaration. Aussi la loi lui a-t-elle accordé une certaine latitude, elle ne punit la production de degrés hectolitres supérieure à celle déclarée que lorsque l'excédent dépasse le 10e.

La déclaration du brasseur porte encore, pour faciliter la surveillance de ses opérations, les numéros des cuves matières où s'opère la saccharification des matières premières, le numéro et la contenance des chaudières, l'heure du commencement et celle de la fin de la rentrée des trempes, l'heure du commencement de la mise de feu et celle du déchargement de chaque chaudière ; enfin, si, outre le malt, le fabricant emploie des mélasses ou des glucoses, le poids des produits employés.

La vérification des degrés hectolitres devra s'opérer avant que la température n'ait eu le temps de s'abaisser au-dessous de 60°, température à laquelle ne peuvent se développer les bactéries capables d'engendrer des ferments nuisibles. Dès lors, depuis la rentrée des trempes dans les chaudières jusqu'au passage aux bacs, l'impôt peut être constaté. Il suffit de reconnaître la quantité de moût en ébullition, un échantillon du liquide prélevé dans une éprouvette, ramené à 15°, est pesé au densimètre ; il ne reste plus pour avoir le nombre de degrés hectolitres qu'à multiplier le volume reconnu par le chiffre qu'indique le densimètre.

Les déclarations du brasseur pourront être contrôlées de jour et de nuit. Ce point a une grande importance ;

la loi de 1816 ne permettait pas de s'introduire la nuit dans une brasserie déclarée en non-activité: dès lors, avec les progrès accomplis dans les méthodes de brassage, les industriels pouvaient en une seule nuit produire un brassin clandestin (1).

La loi de 1899 innove encore en créant des brasseurs de cru ; l'article 11 dispose qué les propriétaires et fermiers peuvent, sans payer d'impôt, fabriquer la bière exclusivement destinée à la consommation de leur maison sous la triple condition de n'employer que des matières premières provenant de leur récolte, de faire une déclaration pour chaque brassin, de se servir de chaudières d'une contenance inférieure à 5 hectos. C'est là peut-être une disposition hasardeuse au moment où le privilège des bouilleurs de cru suscite tant de controverses.

Enfin, plus explicite que la loi de 1816, la loi de 1899 règle le régime des bières destinées à l'exportation. Le droit de fabrication est remboursé à raison de 0 fr. 50 par degré hectolitre ; cette concession n'est accordée qu'aux seuls fabricants et seulement lorsque l'expédition pour l'étranger est faite en présence du service des Contributions Indirectes.

---

(1) L'exercice de nuit n'est pas applicable aux brasseries dont les appareils sont mis sous scellés pendant les périodes de non-activité.

DEUXIÈME PARTIE

La réforme de l'impôt des boissons

CHAPITRE PREMIER

DE L'IDÉE DE RÉFORME

Nous avons vu, dans la première partie, comment s'était constitué l'impôt des boissons et nous avons dégagé deux idées : 1° Il n'est pas né d'un seul coup, il s'est établi peu à peu, au fur et à mesure des besoins du pays ; 2° depuis son apparition, il s'est profondément modifié selon les influences du moment et, surtout, selon les besoins des contribuables.

Y a-t-il donc lieu d'entreprendre une réforme radicale et ne vaut-il pas mieux laisser le temps et les circonstances accomplir leur œuvre ? Tels sont les problèmes qui se posent au début de notre seconde partie.

D'aucuns, se fondant sur l'ancienneté de l'impôt, sur la place qu'il a prise dans nos habitudes fiscales, sur les sommes qu'il procure, se contenteraient des changements quotidiens que rendent nécessaires les progrès de la vie sociale.

Mais le passé d'une coutume n'emporte pas sa justification, une erreur séculaire n'en est pas moins une erreur ; le rendement d'une taxe n'établit ni sa nécessité ni sa justice. Y eut-il impôt plus rémunérateur et plus injuste que la gabelle de l'ancien régime ? Il ne faut pas oublier qu'au-dessus de l'intérêt du Trésor, s'élève l'intérêt supérieur du pays, que la richesse d'un Etat n'est pas une richesse propre, le patrimoine d'une personne morale, mais bien la somme des richesses particulières. L'impôt est-il équitable, est-il utile, s'il vient tarir ces ressources ?

Quant aux habitudes fiscales d'une nation, il ne faut pas non plus exagérer leur importance, il est d'ailleurs loin d'être démontré que l'impôt des boissons soit passé dans nos mœurs ; il n'est donc pas jusqu'à cette ancienneté si vantée dont on ne puisse faire un grief.

De nombreuses transformations se sont accomplies dans notre société, les procédés industriels et agricoles se sont perfectionnés, nos mœurs aussi se modifient sans cesse et, aujourd'hui, épris de liberté, nous trouvons déplacées des mesures qui paraissaient naturelles à la chute de l'Empire ; c'est pourquoi, parallèlement à l'évolution sociale, il doit se produire une évolution fiscale.

Mais alors un danger se présente, danger que M. Bocher signalait déjà au Sénat, en 1893 : « Craignez, disait-il, de compromettre les finances de la République, d'augmenter, au lieu de les diminuer, les embarras du Trésor (1). »

Nous laisserons-nous arrêter par ces considérations ? Nous le comprendrions, s'il s'agissait de supprimer d'un trait de plume cinq cents millions de recette et de demander cette somme à des impôts nouveaux. Des impôts nouveaux ne se créent pas en un jour et la taxe des boissons est une matière assez riche pour se suffire à elle-même.

L'objection la plus importante que l'on pourrait opposer à l'idée de réforme, c'est que, tous les intérêts en jeu étant satisfaits, il est inutile d'aller au delà. En est-il bien ainsi ? Le Trésor, le commerçant, le contribuable, n'ont-ils aucun besoin d'une législation nouvelle ?

On invoque en faveur du *statu quo* l'intérêt du Trésor, c'est le spectre perpétuel que l'on agite devant les hardiesses des réformateurs. Mais le Trésor est-il satisfait du régime actuel ? N'a-t-il pas souvent formulé ses griefs ?

Si la loi était parfaite, les projets d'initiative parlementaire auraient été vite arrêtés, les projets d'initiative gouvernementale n'auraient jamais vu le jour ! Bien au

(1) *Journal Officiel*, Sénat. Séance du 5 juin 1893.

contraire. Pour ne parler que des dernières années, deux ministres éminents et dont les noms font autorité en matière financière, MM. Sadi-Carnot et Peytral, ont apporté aux Chambres des projets qui bouleversaient l'état de choses actuel (1). Le Trésor, en effet, trouve la loi de 1816 désavantageuse ; toute une catégorie de redevables se soustrait à l'impôt : les bouilleurs de cru, non contents d'échapper aux taxes pour leur consommation propre, vont encore alimenter la fraude. Le nombre de bouilleurs de cru ayant travaillé en 1897 permettra de se rendre compte de la quantité d'alcool dissimulée au fisc (2) : 342.066 bouilleurs, d'après les relevés de l'Administration, ont porté leur récolte à l'alambic, et 1897 est pour eux une année mauvaise !

Les projets d'initiative gouvernementale, les publications officielles spéciales, les agents des Contributions Indirectes dont on ne peut nier la compétence en la matière, sont tombés d'accord pour demander la suppression de cet abus.

Les frais de perception de l'impôt, quoique très réduits, sont encore énormes ; le budget du ministère des finances, chapitre IV, accuse 38.472.800 francs. En dépit de sa simplicité, le mode de recouvrement

---

(1) Projets de budget des années : 1881, Y. Guyot. 1882, Bisseuil. 1883, Ballue. 1885, Duval, 1886, Carnot. 1888, Tirard. 1889, Peytral. 1892, Rouvier. 1899, Caillaux.

(2) *Bulletin des Contr. Indirectes*, n° 14. Total du tableau I, colonne 18.

est coûteux, il exige une multiplicité d'agents répandus sur tout le territoire à l'affût de l'impôt et, malgré leur surveillance active, malgré des tournées de jour et de nuit sans cesse répétées, les négociants, connaissant les innombrables mailles du réseau qui les enserre, parviennent à passer au travers ; il est des fraudes auxquelles les employés impuissants assistent désarmés. M. Jamais, député, constatait à la tribune, en 1889 (1), que la fraude, qui en 1870 n'était que du 11 %, avait augmenté jusqu'au 16 %. Le Trésor, on le voit, n'est pas satisfait des armes qu'il possède et, à la loi qui défend ses intérêts, il adresse de justes reproches. Que dire des producteurs et des négociants ?

Les vignobles français traversent une crise grave ; après les ravages du phylloxéra, du mildew, de l'oïdium, la viticulture entre dans une période de transition ; les méthodes nouvelles de traitement par le sulfatage et la submersion ont donné des résultats favorables, l'apparition des plants américains est venue aider à la reconstitution des vignobles. Mais ces énormes frais de reconstitution sont bien lents à amortir, si l'on considère qu'une vigne ne donne des fruits qu'au bout de quatre ans. Les mesures de protection prises en vue de permettre aux vins indigènes de lutter contre les vins étrangers sont ineffi-

(1) Rapport fait au nom de la commission chargée d'examiner le projet de loi relatif à la réforme du régime des boissons, par E. Jamais, député.

caces, d'autant plus que ceux-ci, d'une teneur alcoolique plus élevée, facilitent le mouillage. Il faut donc dégrever la vigne, culture nationale, pour favoriser la consommation intérieure et pour conserver aux vins de France le marché du monde,

Les négociants, à leur tour, exposent leurs doléances; pour qu'un litre d'alcool, pour qu'une bouteille de vin, sorte de leur cave, de nombreuses déclarations sont nécessaires. Que dire alors des débitants ? Faisant allusion, dans le discours déjà cité (1), aux débitants qui protestent contre l'exercice, M. Bocher se demandait pourquoi, connaissant les exigences de la loi, les détaillants avaient choisi cette profession. On pourrait aussi demander au marin qui se plaint d'un naufrage pourquoi il n'est pas resté à terre et, tirant toutes les conséquences du principe, il serait facile d'ajouter que si l'impôt offre des difficultés telles que l'exercice de la profession en est entravé, on peut se demander ce qu'il adviendrait le jour où les détaillants, rebutés, fermeraient leurs établissements.

M. Yves Guyot, rapporteur général du budget de 1888, résumait ainsi les doléances du commerce : « Il faut affranchir la circulation de toutes les mesures vexatoires, inquisitoriales, abrogées par la Constituante, ressusci-

(1) *Journal Officiel*. Sénat. Séance du 5 juin 1893.

tées et aggravées par l'Empire et les régimes qui l'ont suivi. Il faut supprimer l'exercice, qui permet aux employés de la Régie, et encore avec quelle discrétion usent-ils de cette permission, de pénétrer chez le cabaretier, non pas seulement jusque dans son établissement, mais presque dans sa chambre, de fouiller dans le lit de sa femme, pour s'assurer qu'elle n'y a pas caché une bouteille de liqueur. » M. Yves Guyot ne se plaignait pas des employés, il se plaisait à reconnaître qu'ils alliaient au dévouement pour les intérêts du Trésor l'urbanité la plus parfaite et que, dans l'accomplissement de leur tâche difficile, ils avaient toujours apporté un discernement digne de louanges, mais il synthétisait les doléances de toute une classe de citoyens.

Le consommateur lui aussi trouve ses charges bien lourdes, il paye par habitude et parce qu'il connaît la rigueur des poursuites, il n'en murmure pas moins et supporte, en les exagérant parfois, les sommes laissées au fisc par la bouteille de vin qui passe sur sa table. A ce propos il faut lire quelques vœux formulés par les Conseils généraux, en 1893, au moment de la grande campagne pour la réforme des boissons ; les Conseils généraux, plus près des populations que les Chambres, en reflètent mieux la pensée. Voici quelques-uns de ces vœux (1) :

---

(1) *Journal des Contributions Indirectes*, 22 avril 1893.

Haute-Garonne. — « Que le Gouvernement prenne les mesures nécessaires pour permettre aux viticulteurs français de lutter à armes égales contre la concurrence que leur font les commerçants espagnols ; que la réforme de l'impôt des boissons reste incorporée au budget de 1893. »

Hérault. — « Que l'exercice soit supprimé chez les marchands de vins naturels, les seuls vins de raisins secs ou de sucre restant soumis à l'exercice. »

Nièvre. — « Que l'exercice soit supprimé chez les débitants, qu'il ne soit pas établi chez les particuliers et que, pour accomplir la réforme des boissons, on cherche ailleurs que chez le vigneron pour combler le déficit qu'elle créera. »

Vaucluse. — « Que le Sénat adopte la réforme du régime des boissons ; que celle ci soit adjointe au budget de 1893. »

Vosges. — « Que la loi sur les boissons soit revisée. »

L'unanimité est complète, le pays penche vers la réforme, et où l'on n'est plus d'accord, c'est sur les moyens à employer.

Aucun des intéressés n'est donc satisfait de la législation actuelle, chacun réclame une modification. Du moment que des plaintes s'élèvent de tous les côtés, c'est que l'œuvre est imparfaite et qu'il est nécessaire de toucher au vieil édifice ; en son temps il a rendu des services inappréciables, mais des progrès se sont accomplis qui demandent des réformes nouvelles.

Quand est née et comment s'est développée cette idée de réforme ?

Ecartons deux théories absolues en matière financière : la suppression complète et la transformation radicale. Ces théories ont eu cours, la première avant la loi de 1816. Dupont de Nemours en est un exemple manifeste, lorsque, hostile à l'impôt indirect, il avait dû sur l'ordre de la Constituante, présenter un projet de loi sur les boissons et qu'il voyait « en pleurant de joie (1) » échouer ce projet. La seconde est plus récente, elle émane de M. Salis, député, qui voulait remplacer l'impôt des boissons par des licences exorbitantes. A cette théorie l'on peut répondre que l'impôt n'aurait pas même été déplacé, le débitant pauvre aurait succombé sous le poids des taxes, le négociant qui aurait eu quelques avances, en augmentant ses prix, se serait simplement récupéré sur le consommateur des sommes que lui enlevait le fisc.

C'est en 1830 que l'idée d'une réforme rationnelle apparaît. L'ordonnance du 23 août, rendue sur la demande des viticulteurs de la Gironde, nomme une commission de réforme et M. Pasquier, administrateur

(1) Stourm. *Les Finances sous l'ancien régime et sous la Révolution*

des Contributions indirectes, propose de nombreux adoucissements à la législation en vigueur, notamment la réduction des droits de circulation et la suppression des droits d'entrée. Une vive agitation se répand dans les départements du midi qui refusent de payer l'impôt, et le Gouvernement, effrayé, cède devant les menaces de ce mouvement. La taxe sur l'alcool est abaissée, les débitants sont autorisés à se rédimer, dans les villes à taxe unique la surveillance est supprimée, mesure vite rapportée sur la demande des villes, qui voyaient baisser les produits de leur octroi.

Le gouvernement provisoire de 1848 s'engage à présenter une loi pour modifier le système des Contributions indirectes ; en attendant, un décret du 31 mars supprime l'exercice et le droit de détail est remplacé par un droit général de consommation.

Frustrés dans leurs espérances, les producteurs fomentent dans toute la France un vaste mouvement ; la loi du 19 mai 1849 fixe un délai de sept mois pour supprimer sans compensation l'impôt sur les boissons. Une telle mesure était impossible, aussi fut-elle rapportée avant même toute tentative d'application Une commission de quinze membres est alors nommée pour étudier les modifications utiles ; le résultat de ses études passe dans le décret-loi du 17 mars 1852, dont voici les principales dispositions : réduction du droit d'entrée, restriction du privilège des propriétaires récoltants, abaissement de 100 à 50 litres du quantum de la vente en gros, enfin la franchise du vinage est accordée à quelques départements du Midi. Les événements de 1870-71 ne font pas faire un pas à la réforme, les malheurs nationaux empêchent les discussions de principe ; cependant les bouilleurs de cru sont enfin exercés, mais pour quelques années seulement.

A partir de 1881 la réforme a fait d'immenses progrès. Une commission de vingt-deux membres propose le dégrèvement des boissons hygiéniques, la suppression de l'exercice, une modification profonde du régime de l'alcool soumis à un droit de fabrication calculé sur la contenance et sur la production des appareils en usage, les licences sont doublées. Le projet aboutit à un échec. Il est repris avec quelques modifications en 1888 par M. Carnot et en 1893 par M, Peytral ; tous ont renoncé, notamment, à l'abolition du droit de circulation. Une question se pose devant ces insuccès ; on se demande quelle est la cause qui a pu empêcher ces projets d'aboutir. C'est, comme le faisait remarquer M. de Verninac, en 1893, que les intérêts du pays ne l'ont pas permis : « Il est aisé de reconnaître les défauts d'un impôt ancien, la difficulté commence lorsqu'il faut remplacer une taxe dont les effets et le rendement sont assurés par une nouvelle taxe dont la répercussion est incertaine et le produit aléatoire. Là est l'explication et l'excuse des hésitations qui ont fait ajourner ou repousser les divers projets de réforme soumis au Parlement. » (1).

Les dernières tentatives, conçues dans un sens libéral, auraient pu être menées à bonne fin, sans l'époque défavorable où elles se présentaient ; et, en effet, venant au milieu de la discussion du budget, elles ne pouvaient pas être étudiées avec assez de maturité. Un tel projet ne peut être l'œuvre de quelques jours ni même d'une année, une législature à peine peut y suffire.

Il ne paraît pas non plus qu'on se soit toujours placé au point de vue exclusivement financier ; d'aucuns se sont servis de la réforme des boissons comme d'une arme pour attaquer le Gouvernement. Enfin, la plupart des projets ont été présentés en fin de législature, au moment où la Chambre allait se retrouver devant ses électeurs, et on a pu remarquer que les élus se préoccupaient trop de l'intérêt apparent et immédiat de leurs mandants. Et, pourtant, lorsque l'intérêt général est en jeu, les intérêts particuliers devraient s'écarter, quelle que soit leur légitimité. On a ainsi transporté dans les questions de droit financier abstrait, planant au-

---

(1) Rapport fait par M. de Verninac, au nom de la Commission des finances, chargée d'examiner le projet de loi relatif à la réforme du régime des boissons. 1893.

dessus des foules, dans la région des études sereines, des questions de politique concrète, justes peut-être, mais dont la foule trop impressionnable fait des formules. C'est là une faute.

La réforme a été aussi liée à des idées qui lui sont étrangères, en ce sens qu'on a voulu se servir des ressources données par la loi nouvelle pour subvenir à des besoins qui la faisaient sortir de son cadre ; le projet Gillet de 1898 (1), par exemple, établissant le monopole de la rectification des alcools pour fonder une caisse de retraite en faveur de la vieillesse, ou bien les nombreux projets ayant en vue la lutte contre l'alcoolisme. L'impôt n'est pas une peine ; si, accessoirement, il met une amende sur certains vices et tend à relever la moralité nationale, on ne peut que s'en féliciter, mais son rôle, dont il ne faut pas le faire sortir, est de procurer des ressources au pays : le reste est l'affaire des associations de tempérance ou des efforts individuels.

La réforme des boissons, avons-nous dit, peut se suffire, elle n'a pas besoin pour s'accomplir des taxes accessoires, et si l'on nous reprochait de n'aboutir qu'à un déplacement d'impôt, nous avouerions que notre

(1) *Journal Officiel* 1898. Proposition de loi tendant à établir en France le monopole de l'alcool et à employer le produit à la création d'une caisse de retraites pour les vieux travailleurs de l'industrie, du commerce et de l'agriculture.

ambition serait largement satisfaite. Le déplacement du droit est déjà un progrès énorme ; si, en donnant des ressources nouvelles, il crée un mode de répartition plus en rapport avec les désirs du pays, nous aurons alors défendu les intérêts de chacun et nous pourrons souhaiter pour le Trésor, au lieu des armes rouillées dont il fait usage, des armes nouvelles qui atteignent la matière imposable dans son absolue intégrité.

M. Jamais faisait remarquer, en 1889 (1), à la Chambre des députés, que la consommation du pain avait diminué de 4 %, celle du vin de 5 %, celle du cidre de 3 %. Si la consommation du vin et du cidre baisse, on peut en conclure que leur prix n'est pas à la portée de toutes les bourses, soit que leur production se fasse moins abondante, soit que l'impôt qui les grève soit une surcharge trop lourde à leur prix. Faut-il conclure que la France, pays vignoble par excellence, doive avoir recours pour ses approvisionnements de vin aux marchés d'Espagne et d'Italie ? Ces considérations ont leur valeur, mais on peut se demander en outre, en se plaçant à un point de vue moins général, pourquoi la loi de 1816 a soumis les boissons à une triple législation et à des tarifs différents, vins et cidre, alcool, bière. En droit strict rien ne justifie cette inégalité de traitement;

---

(1) Rapport fait au nom de la commission, etc. *op. citat.* par E. Jamais, député.

deux fonds de valeur différente peuvent bien être soumis à des impôts plus forts pour l'un que pour l'autre, mais tel n'est pas le cas, puisque la valeur intrinsèque des boissons ne varie que de quelques centimes, l'alcool, le plus lourdement chargé, oscille entre 50 et 60 centimes et le vin et le cidre n'ont pas d'autre prix. La raison en est dans ce fait que certaines boissons sont nécessaires à l'existence, qu'elles apportent à l'organisme fatigué un élément réparateur dont l'effet est sûr et c'est pourquoi on leur a justement donné le nom de « boissons hygiéniques »; ce sont les vins, les cidres et les bières. La loi de 1816, par sa différence de législation et de tarification, a implicitement reconnu qu'il fallait mettre ces boissons à la portée de tout le monde. Les corps s'usent vite de nos jours, les dépenses de force musculaire et de force nerveuse sont plus grandes que par le passé ; l'ouvrier, enfermé dans l'usine pendant dix ou douze heures, absorbé par le machinisme et comme dévoré par les organismes de fer qui s'agitent autour de lui, s'épuise rapidement. Il ne possède pas, comme l'habitant des campagnes, un petit carré de champ où il pourra cultiver la vigne qui lui fournira sa provision de l'année. Il faut pourtant qu'il puisse réparer ses forcés, qu'il ne demande pas un sursaut d'énergie à la flambée de l'alcool ; il faut que les boissons hygiéniques soient mises à la portée de tous pour combattre le surmenage causé par les existences et les nécessités modernes. On a depuis quelque temps cherché à entrer dans cette voie, on a abaissé les tarifs primitifs, mais ces tarifs sont encore trop élevés. Existe-t il dans le monde un impôt sur le pain ? Un seul impôt de ce genre subsistait en Italie, l'impôt sur la mouture (1); or il a causé la chute d'un ministère, un conflit entre les Chambres, une agitation populaire formidable, presque une révolution, il a enfin été aboli sous la poussée de l'opinion publique. Il doit en être ainsi de l'impôt sur les boissons hygiéniques, puisque la science a démontré la nécessité de leur usage.

L'alcool comblera le déficit causé par la réforme et cet impôt nouveau aura le double caractère d'une mesure fiscale et d'une mesure de salubrité publique. Depuis longtemps on a démontré les effets lamentables de l'alcoolisme, propagateur de la tuberculose, cause primordiale des maladies infantiles, du rachitisme, de la dégénérescence des individus. Bien des documents ont été produits et il serait banal de revenir sur cette question. On peut pourtant citer un document peu connu et qui prouve les effrayants ravages du fléau, c'est la lettre d'un médecin d'un petit village d'Ille-et-Vilaine, au journal des Contributions Indirectes : « Depuis quinze ans, dit-il, je n'avais constaté dans mon canton que deux

---

(1) Stourm, *Le Budget*.

cas de folie alcoolique et trois cas de cachexie. Grâce à la propagande faite par les bouilleurs ambulants, les fermiers ont pris l'habitude de distiller leur cidre et boivent à pleine bolée cet alcool qui ne leur coûte rien. En deux ans, j'ai constaté douze cas de folie alcoolique et douze de cachexie. »

Les surtaxes des licences aideront enfin à couvrir le manquant et ce sera de toute équité car, outre qu'ils se multiplient d'une façon inquiétante, les débits de boissons sont les véritables propagateurs de l'alcoolisme ; l'auteur de cette thèse a pu voir des détaillants qui, trop pauvres pour s'offrir le luxe d'un comptoir, débitaient leur marchandise sur un tonneau recouvert d'une plaque en zinc ; même dans les faubourgs de Marseille (1), des charbonniers, dans des appentis sordides, à côté des sacs de combustibles, vendaient d'ignobles trois-six d'industrie fardés de couleurs variées et recouverts d'étiquettes pompeuses ; tous ces gens, cependant, payaient une licence de cinquante francs par an, une patente spéciale et ils trouvaient encore un bon bénéfice dans le débit de leurs poisons ! On sent donc qu'à tous les points de vue la réforme est nécessaire.

Notre opinion personnelle s'appuie sur les autorités les moins contestées et sur un discours prononcé de-

(1) Quartiers d'Arenc, de Menpenti, de la Belle-de-Mai.

vant le Sénat, au mois d'avril 1893, par M. Peytral, Ministre des Finances :

« .... Mais je n'hésite pas à le dire, Messieurs, la France attend la réforme du régime des boissons. Il n'est personne ici, je l'imagine, du moins, qui viendra soutenir après moi qu'une partie quelconque du pays désire le maintien de la législation de 1816. S'il était nécessaire, je prouverais par des exemples récents comment la loi de 1816, appliquée même avec l'esprit de modération que l'Administration actuelle y apporte, nous fournit journellement des occasions de constater combien cette législation est mauvaise et à combien d'abus elle peut ouvrir la porte à un moment donné. (1) »

Maintenant il nous reste à montrer que si la réforme est nécessaire, elle est encore possible.

---

(1) *Journal Officiel*, Sénat. Déclaration du Ministre des Finances (M. Peytral), séance du mercredi 24 avril 1893.

CHAPITRE II

Les Boissons hygiéniques

On entend dans le langage courant par boissons hygiéniques : les vins, cidres, poirés, hydromels et bières (1), que certains projets de loi appellent, avec plus de raison peut-être, boissons alimentaires. Les conditions de la vie moderne les ont rendues nécessaires à l'organisme et leur ont, par conséquent, créé des droits à la bienveillance du législateur ; de plus, la production de ces boissons est un des principaux facteurs de la richesse nationale comme le montre le tableau ci-annexé : (2)

VINS

ANNÉES	SUPERFICIES PLANTÉES	PRODUCTION	IMPORTATION	EXPORTATION
	hectares	hectolitres	hectolitres	hectolitres
1887	1.944.150	24.333.000	12.277.000	2.402.000
1888	1.843.580	30.102.000	12.064.000	2.118.000
1889	1.817.787	23.224.000	10.470.000	2.166.000
1890	1.816.544	27.416.000	10.830.000	2.162.000
1891	1.763.374	30.140.000	12.278.000	2.049.000
1892	1.782.588	29.082.000	9.400.000	1.845.000
1893	1.793.299	50.070.000	5.895.000	1.569.000
1894	1.716.841	39.053.000	4.492.000	1.721.000
1895	1.747.002	26.688.000	6.356.000	1.696.000
1896	1.728.433	44.656.000	8.818 000	1 783.000
1897	1.688.931	32.351.000	5.837.000	1.448.000

(1) Un chapitre spécial est consacré aux bières.
(2) *Bulletin des Contr. Indirectes*, 1898, n° 2, 2° partie.

CIDRES

ANNÉES	PRODUCTION	IMPORTATION	EXPORTATION
	hectolitres	hectolitres	hectolitres
1887	13.437.000	»	14.000
1888	9.767.000	941	13.000
1889	3.701.000	8.319	12.000
1890	11.095.000	7.035	9.000
1891	9.280.000	684	10.000
1892	15.141.000	402	10.000
1893	31.609.000	845	14.000
1894	15.541.000	744	18.000
1895	25.587.000	577	23.000
1896	8.074.000	525	26.000
1897	6.789.000	198	19.000

Production de vins à l'Etranger

	En 1896		En 1897	
	—		—	
Italie.............	21.573.000	hectol.	25.958.000	hectol.
Espagne..........	17.830.000	»	18.900.000	»
Portugal..........	6.280.000	»	2.500.000	»
Autriche..........	2.600.000	»	1.800.000	»
Allemagne........	3.110.000	»	2.100.000	»
Turquie et Chypre..	3.050.000	»	1.800.000	»
Grèce............	2.150.000	»	1.200.000	»
Etats-Unis........	680.000	»	1.147.000	»

La France tient donc la tête parmi les pays producteurs ; cependant, d'après ces tableaux statistiques, on peut remarquer que sa production ne lui suffit pas et qu'elle se trouve obligée de faire de nombreux emprunts à l'étranger. Les viticulteurs, ruinés par les maladies de la vigne, cessent de planter ou renoncent à reconstituer leurs anciens vignobles ; dans un espace de neuf ans. 215.717 hectares de vignes ont disparu (1) ; la production, aidée par les méthodes nouvelles de culture et de fabrication, a pourtant augmenté de 323.000 hectolitres, mais cette augmentation n'est pas compensée par la disparition des vignobles. L'hectare de vigne produisant dans une année normale une moyenne de quatorze hectolitres de vin, il aurait donc fallu, pour que la disparition des 215.000 hectares de vignes n'ait pas eu de répercussion sur la production, que les nouveaux procédés de culture aient fait apparaître un excédent de 8.628.000 hectolitres. Au contraire, en l'espace de neuf ans, il s'est produit une perte de 537.000 hectolitres qu'il a fallu demander à l'étranger. La production du cidre varie beaucoup ; elle est influencée dans certaines conditions par la récolte du vin et par les habitudes prises par les habitants dn pays du Nord de distiller leur récolte.

Le second titre des boissons hygiéniques à la bienveillance du législateur est l'utilité incontestable qu'elles offrent dans l'économie domestique.

Quelle est la législation qui satisfera à la fois le

---

(1) *Bulletin des Contr. Indirectes*, n° 2, 2e partie.

producteur et le consommateur ? Faut-il adopter un mode de taxation nouveau ? Faut-il conserver le mode actuel ? Faut-il dégrever complètement les vins et les cidres ?

Ainsi se pose la question.

Une étude de la législation des différents pays de l'Europe ne pourra pas, comme plus loin, nous servir de guide, car la France est le seul pays où l'impôt sur le vin ait atteint un tel caractère de complexité.

Beaucoup de contrées n'ont pas un climat favorable à la culture de la vigne ; là des droits de douane suffisent.

Parmi les pays producteurs, il en est deux qui n'imposent pas le vin : la Russie et les Etats-Unis ; aussi y a-t-on vu s'accroître les vignobles pendant les années 1896 et 1897 ; la Russie n'a pas été favorisée par une bonne récolte, mais aux Etats-Unis, où la récolte est normale, on trouve une augmentation de 467.000 hectolitres.

En Espagne, l'impôt est perçu directement chez le producteur ; le vin est frappé d'une taxe dont le maximum est de 0 fr. 05 centimes par litre (1).

En Italie, l'impôt, perçu sous forme de droit d'entrée, rend de 45 à 50 millions ; on est bien loin des 170 millions du budget français.

---

(1) L. Say, *Dict. des Finances*.

Notre mode de perception ne se retrouve guère qu'en Hongrie et en Portugal et encore rapporte-t-il peu, la *real dagua* portugaise ne produisant que 5 millions environ.

La législation étrangère ne saurait donc nous guider ; nous ne pouvons tirer de son examen qu'un seul enseignement, c'est que nulle part, le chiffre de l'impôt n'est aussi élevé qu'en France. Il nous faut donc rechercher les mérites d'impôts nouveaux qui n'ont encore reçu aucune application pratique complète comme l'*impôt ad valorem* et la *taxe au degré*.

Le droit *ad valorem*, d'où dérive le droit de détail, offre au premier abord des avantages séduisants et paraît un moyen rationnel de dégrever les boissons hygiéniques nécessaires à l'alimentation des classes populaires, en supprimant la taxe qui pèse sur les vins communs et en la faisant porter sur les vins de qualité supérieure.

L'idée est juste, car il y a une différence entre le vin que consomme l'ouvrier et celui qui vieillit dans la cave du riche ; mais comment appliquer cette idée ? La qualité vénale d'un vin est chose toute subjective. Créera-t-on des dégustateurs officiels chargés d'établir cette valeur ? Si l'on conserve une surveillance à la circulation, comment les employés vérificateurs reconnaîtront-ils la qualité du vin qu'on leur présentera ? Il y a déjà eu dans notre législation une tentative bien timide d'application des droits *ad valorem*, c'est la différence établie entre les vins en cercles et en bouteilles. Cette différence de tarifs était absurde et n'atteignait que les petits consommateurs.

Que de moyens faciles, d'ailleurs, d'échapper à la taxe ! Si elle est établie à la production, le producteur déclarera toujours une valeur inférieure ; si elle est établie à la vente, le vendeur et l'acheteur s'entendront pour déclarer un prix fictif Quant à établir un prix moyen, il faudrait le fixer pour chaque espèce de vin, pour chaque champ de vigne même ; ce serait un travail impossible, que chaque récolte viendrait bouleverser.

La taxe au degré aurait l'avantage d'unifier notre législation en donnant à l'impôt sur les vins la même base qu'à l'impôt sur l'alcool ; on peut remarquer que, dans les transactions commerciales, la vente au degré est adoptée, non seulement au degré alcoométrique, mais encore au degré de sucre. Le Trésor aurait un moyen pratique de vérifier l'exactitude des déclarations avec les appareils à distiller déjà en service qui permettent de reconnaître, à quelques dixièmes près, le degré d'un vin. L'intérêt du Trésor paraît donc sauvegardé.

Il est évident que, si l'on veut remplacer le système

actuel par un mode d'impôt plus juste et plus pratique, la taxe au degré se présente naturellement à l'esprit, mais il ne peut plus être question d'un dégrèvement des boissons hygiéniques, surtout si l'on remarque que cette taxe ne peut pas beaucoup plus que le régime de 1816 amener la proportionnalité de l'impôt.

Une des raisons principales qui militent en faveur de l'imposition des vins au degré est qu'une teneur alcoolique élevée permet les coupages ou les mouillages, mais cette teneur est sans valeur dans la vente au consommateur. Tels vins d'un haut titre, comme ceux de Narbonne et du Roussillon, sont de moindre prix que les vins du Var, dont le titre est plus bas. Avec l'impôt au degré, un vin de peu de valeur sera, dans cette espèce, plus lourdement frappé qu'un vin d'une valeur supérieure. A ces critiques viennent encore s'ajouter les objections soulevées par la taxe *ad valorem*, puisque nous ne faisons autre chose que d'indiquer un critérium de la valeur, le degré.

Aucune des idées émises ne pouvant nous satisfaire, faut-il adopter le système qui nous régit en réduisant les tarifs ? Examinons les objections qui s'élèvent contre les droits en vigueur et nous verrons que cette conclusion n'est guère possible.

Commençons par le droit de détail et l'exercice, qui ont été les plus décriés.

Voici ce qu'en disait M. Carnot, ministre des finances en 1886, dans l'exposé des motifs d'un projet de réforme présenté aux Chambres : « L'exercice remonte aux premiers temps de la Régie ; elle-même l'avait emprunté aux aides et, pendant de longues années, il a garanti d'une manière aussi complète que possible les intérêts du Trésor ; mais il ne répond plus aux idées modernes. Successivement délaissé dans les différents pays de l'Europe, il est également discrédité en France et, s'il a pu y subsister jusqu'ici, c'est que la prudence de l'Administration a su entourer son application de tous les tempéraments propres à le faire accepter. Mais ces tempéraments mêmes nuisent à son efficacité et nous croyons qu'on peut le supprimer relativement aux vins et aux cidres sans grand danger pour les perceptions. »

Le droit de détail est, en effet, sujet à plus d'une critique.

Il n'est pas proportionnel ; beaucoup de personnes, dans les petites villes et dans les campagnes, ne peuvent s'approvisionner en gros et sont forcément soumises à ce droit, tandis que les habitants de villes plus importantes en sont exempts. De plus, d'après les prix moyens de vente des dernières années, il n'y a aucune proportion entre les taxes supportées par les habitants de départements différents : on voit le droit s'élever de 9 fr. 70 dans l'Indre jusqu'à 16 fr. 50 dans le Nord et 18 fr. 40

dans la Seine-Inférieure, et cet écart ne provient pas de la qualité du vin, mais seulement de l'usage plus ou moins grand qui en est fait dans le pays. Des localités pauvres, où les boissons hygiéniques devraient être au plus bas prix possible, payent ainsi des droits plus élevés qu'une ville riche et peuplée.

On a accordé aux détaillants la faculté de s'affranchir des exercices par l'abonnement, c'est reconnaître le vice de la législation et la gêne qu'elle apporte.

Le prix de l'abonnement est difficilement payable en une seule fois ; même versé par acomptes trimestriels, il est encore une charge et bien des débitants n'ont pas les avances nécessaires pour profiter de ce moyen libératoire que leur donne la loi.

L'administration des Contributions Indirectes vient de publier — août 1898 — la statistique des débitants abonnés et exercés depuis 1869 jusqu'en 1896 (1) :

ANNÉES	1874	1879	1884	1889	1894	1896
Débitants abonnés	45.809	39.441	56.418	60.220	118.149	134.341
Débitants exercés	229 675	216.576	214.594	211.169	152.120	132.412

Cette statistique montre que, si le nombre des abonnements a augmenté depuis 1874, le chiffre des débitants exercés n'en n'est pas moins considérable, puisque,

(1) *Bulletin des Contributions Indirectes*, 1898, n° 16, 2° partie.

malgré les protestations qui s'élèvent contre l'exercice, malgré les facultés accordées par la loi, il y a à peu près le même nombre de débitants abonnés que de débitants exercés.

Ces inconvénients multiples ne sont pas de nature à susciter des défenseurs au droit de détail ; seul, M. Bocher, dans une séance du Sénat, en 1893, est venu soutenir le droit qu'il avait contribué à maintenir en 1848 (1). « ..... Il y a une autre inégalité qui est ou paraît plus choquante, c'est celle que la loi établit entre les deux classes d'acheteurs ; les acheteurs qui peuvent s'approvisionner directement chez le producteur ou chez le marchand en gros, ceux-là n'acquittent que le droit léger de circulation, et ceux qui ne s'approvisionnent que par petites quantités, au jour le jour, chez le cabaretier, et supportent le droit élevé de détail..... Le droit de détail n'est pas général, il n'est pas partout obligatoire ; combien de consommateurs en sont ou peuvent en être affranchis !..... On peut dire que l'inégalité dont on se plaint n'atteint que les campagnes..... N'est-il pas constant que, dans les campagnes, l'ouvrier rural peut se procurer presque toujours facilement les boissons nécessaires à l'usage domestique ? 25 litres, voilà ce que le consommateur peu aisé et l'ouvrier

---

(1) *Journal Officiel*, séance du 5 juin 1893, Sénat.
Voir *contra* séance du 6 juin, le discours de M. de Verninac.

peuvent acheter, en payant seulement le droit de circulation. Quelle est la famille qui ne peut se procurer un pareil approvisionnement ; qu'elle est l'habitation, si étroite qu'elle soit, qui ne puisse le loger ? »

Le droit de détail, dit M. Bocher, n'est perçu que dans les campagnes, mais c'est là surtout que les boissons hygiéniques devraient être libres ; quant à cette quantité de 25 litres, comment l'ouvrier rural se la procurera-t-il avec des salaires variant de 2 francs à 2 fr. 50 par jour ? Il ne peut pas faire de provisions ; il envoie chercher, avant le repas de famille, un litre de vin chez le cabaretier voisin et paye ainsi le droit de détail.

M. Bocher constate en passant que l'on est loin des excès de 1829 et de 1848. Mais si l'on est loin de ces excès, c'est que les mœurs ont changé, que la population a perdu des habitudes de désordre et que la répression de ces excès est devenue plus facile. Enfin, dernier argument, l'honorable sénateur se demande pourquoi, malgré les rigueurs de la loi, le nombre des débits va toujours croissant. L'argument tiré de l'augmentation du nombre des débits tombe de lui-même, si l'on songe que ce nombre s'accroît surtout dans les villes rédimées et que là, encore, la vente du vin n'est qu'un commerce accessoire, et que l'enseigne « débit de vin » y signifie plutôt débit d'alcool.

Le seul avantage du droit de détail et de l'exercice est de faire rentrer l'impôt dans les caisses du Trésor, mais à quel prix et au moyen de quelles lois draconiennes ! Pesant surtout sur les agglomérations rurales, il nous apparaît comme une taxe sur les pauvres, vestige de la législation d'un autre âge, organisme frappé de mort qui doit disparaître tôt ou tard de notre code fiscal, auquel on peut même adresser le reproche d'avoir accumulé des haines sur les meilleurs parmi les agents du fisc, d'avoir fait paraître une catégorie d'employés odieux, lorsque la loi seule était injuste.

Il ne faut pas hésiter non plus à demander la suppression du droit d'entrée, dernier souvenir des douanes intérieures ou aggravation des octrois.

Les taxes à l'entrée des villes doivent garder un caractère exclusivement municipal ; le droit d'entrée fait seul exception à ce principe, parce qu'il procure des ressources notables au Trésor. On ne voit pas de raisons qui s'opposent alors à la création d'un droit semblable sur les sels, les tabacs, les cartes à jouer ou les vinaigres ? Ce n'est qu'une entrave au commerce qui charge de nouveaux droits les populations urbaines. MM. Vaillant et Chauvière viennent d'ailleurs de déposer, au mois de novembre dernier, une proposition de loi demandant l'abrogation du droit d'entrée (1).

(1) *Journal des Contributions Indirectes*, 1898, n° 47.

Maintenant que nous avons condamné le droit d'entrée et le droit de détail, que dire de la taxe unique ?

L'admiration que l'on avait pour elle à ses débuts va décroissant ; elle supprime bien l'exercice des débitants, mais en faisant payer ce rachat par le consommateur. On sait, en effet, que la taxe unique est supportée par tous les habitants d'une ville rédimée. Or, qu'importe au bourgeois, à l'artisan, à l'ouvrier, que les agents du fisc aillent à toute heure rechercher l'impôt partout où se trouve la matière imposable ? Leur seul désir est d'avoir leur vin à bon marché et de ne pas être les victimes d'une faveur dont ils ne profitent pas.

Le principe du droit de circulation est moins contestable. Pour sa perception au tarif de 1 franc, 1 fr. 50 et 2 francs pour les vins, et 0 fr. 80 pour les cidres, les départements sont divisés en trois classes, suivant la valeur qu'ont les boissons hygiéniques dans ces départements ; c'est là une division factice, car dans deux localités différentes d'un seul département, la valeur du vin peut varier. A une époque où les moyens de transport étaient peu perfectionnés, le vin avait un prix moindre dans les départements producteurs ; mais aujourd'hui, avec les tarifs différentiels consentis par les Compagnies de chemins de fer, cette division en trois classes n'a plus autant de raison d'être, elle grève sans raison les départements du nord au profit des départements du midi.

Le droit de circulation a une utilité incontestable. Malgré la nécessité de dégrever le boissons hygiéniques, on ne peut oublier que le vin et le cidre sont les véhicules de l'alcool ; que, s'ils restent sans surveillance, ils iront alimenter les distilleries clandestines. Avec le vin libre, elles n'auront plus besoin d'une installation importante, et, en effet, les vinasses laissent moins de traces que les résidus de mélasses, de fruits secs, etc... C'est la seule raison qui plaide en faveur du droit de circulation. Mais la division des départements en trois classes doit disparaître : il faut adopter un tarif unique, le tarif moyen de 1 fr. 50, par exemple, qui ne grèvera le vin que de un centime et demi par litre, et conserver le tarif de 0 fr. 80 pour les cidres ; c'est-à-dire un droit de statistique insignifiant destiné à permettre aux agents du fisc de suivre l'usage abusif du vin ou sa transformation clandestine en alcool.

Ainsi, tous les différents modes de taxation auxquels on peut soumettre les boissons hygiéniques emportent avec eux leur propre condamnation. Il ne reste qu'une conclusion logique, qui s'impose de toute la force de son évidence et que jamais les législateurs n'ont osé sanctionner, c'est le dégrèvement total, absolu, hormis l'exception que nous avons signalée.

Pourtant nos intérêts, nos mœurs, notre manière de vivre le réclament. L'évolution économique a fait dans ce siècle des progrès énormes, les conditions de la vie ont changé, les objets qui paraissaient autrefois du dernier luxe sont devenus communs aujourd'hui et se retrouvent jusque dans la chaumière du paysan. De même l'alimentation a changé de nature, le pain de froment, la viande sont à la portée de toutes les bourses. Seules, emmurées dans les prescriptions fiscales, les boissons hygiéniques atteignent des prix hors de proportion avec les besoins de la population.

Une entrave à la consommation, à son tour, se répercute sur la production, nos agriculteurs trouvent la culture de la vigne trop peu rémunératrice, ils portent ailleurs leurs efforts. Avec quel courage admirable ils ont lutté contre le phylloxéra, reconstituant le lendemain ce que l'ennemi avait détruit la veille, patiemment, ils ont tenté de refaire les immenses vignobles d'autrefois ; mais ces efforts sont stériles si le fisc vient prélever la majeure partie des bénéfices. A l'arrêt de la consommation, s'ajoute un arrêt de l'exportation, qui passe de 2.400.000 hectolitres en 1887 à 1.700.000 hectolitres en 1897. C'est une source de bénéfices qui disparaît pour le commerce français déja si éprouvé et auquel l'exemption d'impôt pourrait ajouter quelque adoucissement.

CHAPITRE III

La Bière

Dans six départements français, le Nord, le Pas-de-Calais, la Somme, l'Aisne, les Ardennes et l'Oise, la bière a nettement le caractère d'une boisson alimentaire hygiénique ; elle tend encore à prendre ce caractère dans quelques autres départements où elle est préférable aux vins à bon marché de mauvaise qualité. La majeure partie des dix millions d'hectolitres fabriqués en France est consommée par les villes du Nord. Lille vient en tête avec 486.000 hectolitres par an ; ensuite se placent Paris, 263.000 hectolitres(1), Roubaix, 196.000, Saint-Quentin, 104.000, Tourcoing 97.000 ; mais dans le Midi un affaissement brusque se produit et de 3 hectolitres par tête d'habitant à Lille, la consommation descend jusqu'à 6 litres par tête à Nîmes et à Toulouse (2).

La France a donc une production de bière irrégulière et sur les 138 millions d'hectolitres fabriqués en Europe la production française est au quatrième rang ; elle est primée par l'Allemagne (47.602.000 hectolitres), l'An-

(1) Chiffre déclaré, mais en réalité inférieur à la consommation.
(2) *Bulletin des Contrib. indir.* 1898, n° 16. Tableau III.

gleterre (38.852.000 hectolitres), l'Autriche (13 728.000 hectolitres). La crise vinicole a d'ailleurs eu pour la brasserie des résultats heureux ; le nombre des installations a augmenté ; les maisons anglaises et allemandes, mieux préparées que les nôtres, sont allées établir des succursales jusqu'en Extrême-Orient et le Japon, par exemple, a pu, l'année dernière, produire 220.000 hectolitres de bière.

La production de la bière est générale, car elle ne dépend plus, comme celle des vins, de certaines conditions du climat ou du sol ; aussi trouvons-nous sur cette matière une législation étrangère très complexe, ne se bornant plus aux simples droits de douane des pays où la vigne ne pousse pas.

Sauf aux Etats-Unis, l'impôt a toujours été établi à la fabrication, mais il ne suit pas un type uniforme ; il comporte des modifications nombreuses suivant la quantité et la qualité des bières, et suivant les habitudes du lieu. On peut pourtant dégager de ces dispositions diverses trois formes de l'impôt à la fabrication :

1° Impôt perçu sur le volume seul, usité en Danemark, en Grèce, en Roumanie et en Russie ;

2° Impôt calculé à la fois sur le volume et sur la richesse des moûts, usité en Autriche, en Belgique. en Hollande et en Italie ;

3° Impôt sur la matière première en Allemagne.

En Angleterre la bière paraît soumise, au premier abord, à l'impôt sur la matière première, mais la taxe repose en réalité sur le volume et la densité, la densité du moût servant de base à la reconnaissance définitive.

Un seul pays a adopté l'impôt à la circulation : les Etats-Unis ; enfin, un autre seul connaît la fabrication franche de droits : la Suède.

Pour la France, le législateur ne pouvait pas en 1816 prévoir les perfectionnements qui ont été réalisés depuis; les brasseurs n'employaient que le malt comme matière première et toutes les usines avaient à peu près les mêmes procédés de fabrication. Il était difficile à cette époque de produire un brassin frauduleux,les opérations de brassage se prolongeant pendant plus de vingt quatre heures, le temps matériel aurait manqué ; les coupages avec l'eau étaient aussi impossibles, les antiseptiques faisant défaut pour pallier à leurs dangers.

La loi était alors juste et la notion, quoique grossière, de la force des bières qu'elle adoptait, était exacte, de même que sa distinction entre la bière forte, produit de la saccharification des deux premières trempes, et la petite bière, produit des lavages ultérieurs. Mais cette distinction ne reposait ni sur la qualité ni sur la composition du moût, dont le rôle est capital. Enfin la fermentation se faisant dans les fûts d'expédition, le volume du moût correspondait avec 20 °/₀ de déchet au volume de la bière mise dans le commerce.

De nos jours, les installations nouvelles ont abaissé la durée du brassin de 24 heures à 10 heures ; l'exercice de la brasserie ne pouvant avoir lieu que pendant le jour légal — lorsque la brasserie n'est pas en activité — il devient facile de produire pendant la nuit un brassin frauduleux, ce dont les fraudeurs ne se sont pas fait faute, sûrs de ne pas être découverts. C'est ainsi, d'après le journal *La Brasserie du Nord* (1), que des industriels parisiens fabriquaient pendant la nuit des bières à la glucose, « bibine », bières se vendant 15 francs l'hectolitre, droits compris, alors que le droit d'octroi seul se montait à quinze francs.

Seule la statistique a pu dénoncer cette fraude. On sait, en effet, que les combustibles industriels soumis à l'entrepôt sont exempts de taxe d'octroi ; on pouvait suivre à la fois le compte de fabrication et le compte de charbon employé ; or, ces industriels payaient les droits pour une fabrication de trente mille hectolitres et consommaient du charbon pour une fabrication de trois cent mille hectolitres.

Un second moyen de tromper le fisc que donnait la loi de 1816, moyen légal, puisque les tribunaux ont toujours jugé en faveur de ceux qui l'employaient, était le suivant : la loi ne s'occupant pas de la richesse saccha-

---

(1) Discussion des taxes d'octroi au conseil municipal de Paris, rapport Astier.

rine des moûts, on pouvait les produire à une densité élevée et, après l'entonnement, les ramener à la densité normale par une adjonction d'eau, nul texte ne prohibant ces allongements.

La loi de 1880, permettant l'emploi de la glucose en franchise, favorisa cette fraude. Auparavant on n'avait aucun intérêt à extraire des drèches la majeure partie de leur produit, car on diminuait la faculté d'allongement. Les moûts résultant d'une saccharification normale ne pouvaient dépasser une certaine richesse, car on se condamnait à ne pas épuiser les résidus. La loi de 1880 permit à la fois d'épuiser les drèches et de produire des jus concentrés. La fraude devint plus compliquée et reçut le nom de « *glucose perpétuel* ». A l'heure fixée pour le versement de la glucose dans les moûts, si le service était présent, la glucose était réellement dénaturée ; sinon, elle servait pour une autre opération, soit un bénéfice de 12 fr. 50 par quintal.

Aussi, M. de Verninac, rapporteur de la loi sur les boissons au Sénat, en 1893, disait avec raison : « La loi de 1816 est la plus ancienne sur la matière, elle est aussi la plus défectueuse ; gênante pour les brasseurs, en ce qu'elle prolonge la surveillance de la Régie pendant toutes les opérations même les plus délicates de la fabrication, qu'elle risque de compromettre, elle est insuffisante pour assurer la perception normale des droits (1). » Et M. Jacquème, inspecteur des finances, avouait déjà en 1871 que la fraude faite dans les brasseries était du 33 °/₀ des quantités imposées.

Existe-t-il un régime préférable ?

Parmi les systèmes qui se rapprochent le plus du système français, il faut citer le projet d'un brasseur de Nevers, M. Gauthier, publié dans la « *Gazette du Brasseur* » de Bruxelles et destiné à combattre la fraude. M. Gauthier supprimait les droits de fabrication et les remplaçait par une taxe sur les vaisseaux d'hydratation, de saccharification, de filtration et de cuisson des moûts. La brasserie inactive pendant un mois au moins était affranchie de cette taxe.

De vives critiques furent formulées par les brasseurs français, notamment par M. de Geyter, chimiste brassicole (2). Il fit remarquer que ce projet aboutirait à un abonnement pour les quantités fabriquées, mais sans lien avec la richesse des produits vendus, la valeur marchande des bières n'étant pas liée à la capacité des vaisseaux. Les exigences commerciales, d'autre part, empêcheraient le brasseur de jouir des détaxes accordées, l'arrêt de la fabrication, au lieu d'un mois, pouvant

(1) Rapport fait par M. de Verninac au nom de la commission des finances du Sénat sur le projet relatif à la réforme du régime des boissons, 1893.

(2) *La Bière*, 1897.

n'être que de 25 ou 28 jours et se répéter plusieurs fois dans l'année. L'industriel se trouverait alors dans l'alternative ou de continuer à fabriquer des bières dont il ne pourrait pas trouver l'écoulement ou de perdre à plusieurs reprises le montant de la remise de taxe.

L'impôt sur les matières premières serait difficile à établir en France, où l'exercice suscite déjà tant de réclamations. Voici toute la série de formalités qu'exigerait un tel impôt (2). Le malt devient imposable chaque fois qu'il entre dans une meunerie à malt, d'où il s'ensuit la déclaration de tous les moulins et des mutations qu'ils subissent par suite de vente ou d'héritage. La circulation du malt et de sa mouture doit être réglementée, partant entrave au commerce.

Les matières propres à produire le malt étant de plus en plus employées dans l'agriculture pour la nourriture des bestiaux, après un concassement préalable, faudra-t-il exercer tous les éleveurs ?

Les conséquences de ce régime démontrent son impossibilité ; même là où il est adopté, on tient toujours compte en définitive de la richesse des moûts. La loi belge de 1885 qui, suivant M. Taffin-Binault, président d'honneur du Syndicat des Brasseurs du Nord, est « la loi la plus parfaite qui réglemente la brasserie », peut nous servir d'exemple.

(1) D'après un projet publié en Allemagne.

L'article 1er porte que : « l'accise sur la fabrication des bières est perçue d'après la quantité de farine déclarée (1) », mais le contrôle s'exerce sur la quantité de moûts produite. Chaque kilogramme de farine est censé produire 25 kilogrammes de moût à un degré de densité, c'est le rendement légal. « Le rendement légal est ramené à un litre de moût à un degré de densité » article 3, paragraphe 2, d'où le brasseur peut employer la quantité de farine qu'il veut, pourvu qu'il ne dépasse pas le rendement légal.

Se fondant sur la pratique des Etats-Unis et sur les résultats obtenus dans les villes à octroi, on a encore voulu proposer pour les bières l'impôt à la circulation, qui les ferait rentrer dans le droit commun des boissons. L'exemple des Etats-Unis, où des tickets sont apposés sur la bonde des fûts, est peu concluant. Cet impôt ne satisfait guère les Américains ; de plus on a un mal énorme à faire rentrer les tickets lorsque la circulation est terminée et à éviter les doubles transports.

Le reproche principal adressé aux taxes sur les vins est leur défaut de proportionnalité ; pourquoi retomber dans la même erreur en faisant payer aux bières à bon marché le tarif de bières de luxe ? De même on s'est vivement élevé contre l'exercice, qui est le corollaire

---

(1) *La Brasserie du Nord*, 1897.

obligé de tout impôt à la circulation, et le brasseur préfère encore la loi de 1816, qui l'en affranchit en partie.

Avant d'examiner l'impôt qui a pour base la richesse des moûts, il faut se rendre un compte exact du rôle joué par le moût dans la fabrication de la bière ; ce rôle a été mis en évidence dans les études récentes de M. Feuerbach, docteur ès-sciences (1).

Le moût est un liquide fermentescible renfermant des sucres, maltoses et isomaltoses, dont la source la plus importante est la saccharification de l'amidon ; la température de cette saccharification influe sur le moëlleux ou la sécheresse de la bière obtenue. Pendant la germination s'est déjà développé le sucre de canne — saccharose — qui influe sur la teneur alcoolique. Notre système se fondera donc, non plus sur le volume présumé fabriqué, mais sur le sucre contenu en solution dans le moût. « La matière imposable est, suivant la formule de M. Buitrille, étudiant un projet du Gouvernement, dans son rapport à la Chambre de Commerce de Douai, en 1894, évaluée en fonction du volume et de la densité du moût, en prenant pour unité de taxe et de calcul le degré hectolitre, c'est-à-dire l'hectolitre de moût pesant un degré au densimètre centésimal à la température de 15 degrés.

(1) *La Bière*, 1898.

Désormais les brassins clandestins sont impossibles, l'exercice ne cessant que dans des conditions de garantie uniques, et l'allongement devient inutile puisque l'impôt est perçu sur la richesse des moûts. Le brasseur peut alors conserver son ancien outillage, employer le mode de brassage qui lui convient le mieux, il entre en possession des moûts avant la fermentation et conserve sa liberté de fabrication.

Pour qu'il n'y ait aucune confusion sur le degré hectolitre, unité de taxe, il est nécessaire de se reporter à un instrument type. Trois appareils sont en usage dans les brasseries : le densimètre centésimal, le saccharomètre de Balling et l'aréomètre de Baumé, qui diffèrent comme principe de graduation. L'instrument le plus simple, qui a déjà un caractère légal, est le densimètre ; un degré densimétrique vaut 1,4 fois le degré Baumé et 2,5 fois le degré Balling (1).

Etant données ces notions sur le degré hectolitre et sur l'instrument de pesée, la constatation de l'impôt se fera aussi facilement que pour les spiritueux à l'aide de la trousse alcoométrique ; actuellement le vérificateur plonge son alcoomètre dans le liquide à titrer et multiplie le chiffre obtenu par le volume, des tables de correction permettant de rectifier le degré à raison de la température donnée par le thermomètre.

(1) *Journal des Contributions Indirectes* 1899, numéro 22.

Pour les bières on opèrera de même. On prélèvera le moût dans les chaudières au moment de l'ébullition, on laissera refroidir à la température de 15 degrés et, plongeant le densimètre dans le moût, on multipliera le chiffre qu'il donne par le volume du liquide trouvé dans les chaudières. Soit, pour nous servir d'un exemple, celui cité par M. Delemer, président du Syndicat des Brasseurs du Nord, dans le congrès de la Brasserie tenu à Lyon les 5 et 6 octobre 1893 (2) : « Un brasseur a déclaré produire dans une chaudière 300 degrés hectolitre ; on pèse le moût, on trouve 3 degrés densimétriques ; pour que la déclaration soit régulière, il doit y avoir en ébullition 100 hectol. de moût, $100 \times 3^o = 300$ degrés hectolitre.

Si l'on veut produire un moût plus riche, il faut que le densimètre donne 4 degrés et qu'il n'y ait dans la chaudière que 75 hectolitres, $75 \times 4^o = 300$ degr. hectol. Ce dernier exemple réfute la critique la plus importante dirigée contre notre théorie, qui consiste à dire que le brasseur est obligé de produire un volume déterminé de moût à un degré déterminé ; nous voyons, au contraire, que les variations du volume sont concomitantes des variations du degré et que le résultat final, le nombre de degrés hectolitre, seul, est en jeu.

Nous pouvons encore une fois nous reporter au

---

(2) *Journal des Contributions Indirectes*, 1893.

régime suivi pour l'alcool, afin d'appuyer notre démonstration. Que les employés trouvent dans un recensement 50 litres à 50 degrés ou 100 litres à 25 degrés, peu leur importe, puisque le résultat est toujours calculé en alcool pur, c'est-à-dire 25 litres dans les deux cas. De même pour les bières, dans les deux cas cités plus haut, le résultat est toujours 300 degrés hectolitre.

Une seconde critique est le danger de l'allongement après coup avec des solutions sucrées. Pour élever de un degré hectolitre la densité d'un hectolitre de moût, il faut trois kilogrammes de glucose, soit, au tarif actuel, 40 centimes et demi. Ce danger n'existera plus du moment où les taxes d'octroi sont supprimées ; le droit d'octroi, s'ajoutant au droit de fabrication, rend cette fraude des plus lucratives, mais désormais le bénéfice réalisé par l'impôt serait absorbé par le prix de revient entre le malt et la glucose.

Nous avons vu que la bière était une boisson hygiénique alimentaire, qu'elle constituait la boisson courante des départements où le vin est à trop haut prix ; pourquoi ne pas faire aux classes pauvres de ces départements les avantages accordés aux départements de vignobles ? Un dégrèvement est nécessaire aussi pour permettre à la brasserie française de lutter contre la brasserie allemande. Qui ne doute que lorsque le prix courant du litre de bière, par suite de la suppression des droits d'octroi et par la réduction de l'impôt, sera descendu à 25 ou 30 centimes, ce produit ne prenne une plus grande part à l'alimentation courante ? En tarifant à 0 fr. 25 le degré hectolitre, ce résultat serait certainement obtenu.

La fabrication française donne en moyenne les résultats suivants : (1)

2.000.000 d'hectolitres	à 5° 3/10	=	11.000.000
1.000.000 —	5°	=	5.000.000
10.000.000 —	4°	=	40.000.000

soit au total 56 millions de degrés hectolitre qui, au tarif de 25 centimes, rapporteraient 14 millions de francs ; l'impôt actuel produisant 23 millions, c'est donc un dégrèvement de 9 millions que nous proposons.

Le Gouvernement, en adoptant la théorie que nous venons d'analyser et en la faisant passer dans la loi et le décret du 30 mai 1899 (2), n'a pas voulu entrer dans une voie de dégrèvement, il a surtout tenu à mettre le système fiscal des bières en harmonie avec les progrès de la science.

Nous avons vu combien avaient été lentes les modifications apportées dans le régime des vins, la brasserie a eu un sort plus heureux ; quatorze ans à peine se sont écoulés depuis la mise en vigueur à l'étranger de l'impôt

---

(2) Le *Journal Officiel* 31 mai 1899.
(1) *La Brasserie du Nord*, 1897.

au degré hectolitre, avant que cet impôt ne soit adopté en France. Depuis 1889, cette réforme est liée à tous les projets ayant trait au régime des boissons, M. Peytral eut l'honneur de la présenter le premier ; M. Rouvier, dans le budget de 1891, inséra à nouveau le projet Peytral, mais la Commission du Budget le repoussa. L'énergie de la Commission des Finances du Sénat le fit voter en 1893, après une discussion de 20 jours, mais la Chambre des députés parvint à l'écarter, grâce à une manœuvre renouvelée depuis. Dans la séance du 12 juillet, elle vota le dégrèvement des boissons hygiéniques et refusa les compensations budgétaires que le dégrèvement comportait.

La réforme de 1899 ne se présenta pas comme une œuvre doctrinale. Sollicitée de prendre des mesures pour prévenir les fabrications clandestines dans les brasseries et les distilleries, la Commission du Budget emprunta quelques dispositions au projet Pelletan de 1898 et, grâce à l'initiative de M. le Directeur général des Contributions Indirectes, ces dispositions sont devenues la loi actuelle. Non sans difficulté toutefois ; M Paul Strauss au nom de la brasserie parisienne, désireuse de conserver ses anciennes habitudes, combattit vivement le projet ; M. de Verninac, au nom des représentants des régions vinicoles craignant de ne plus voir aboutir le vote de la réforme demandée par leurs électeurs, tenta aussi de le faire échouer. Mais les chambres, lasses des discussions, voyant le vote du budget déjà retardé, se mirent d'accord sur le rapport de M Prevet, le texte du Gouvernement fut adopté. Il est difficile de se prononcer sur les résultats d'une loi qui n'a pas été encore en vigueur pendant un exercice entier, mais si l'on veut bien remarquer que cette loi est due à la collaboration des brasseurs et du Gouvernement, les éloges qui ont été prodigués aux lois étrangères analogues, on ne peut souhaiter qu'une chose avec les partisans du dégrèvement des boissons hygiéniques, une réduction du tarif applicable au degré hectolitre.

CHAPITRE IV

L'Alcool

L'impôt sur l'alcool, à l'encontre de l'impôt sur les boissons hygiéniques, n'a pas eu des défenseurs passionnés, mais au contraire des ennemis ardents, dont le but était de lui faire supporter tout le poids de notre système fiscal.

De nos jours l'alcool est devenu la « bête de somme du budget »; chaque époque ainsi a eu ses impôts favoris. Les théoriciens de tous les siècles ont tenté de faire prévaloir tel ou tel système d'impôt et d'y soumettre leur époque, ou plutôt les hommes que dominaient les nécessités de l'époque ont trouvé la formule heureuse qui s'adaptait aux besoins du pays.

Notre but n'est donc pas d'exposer les prolégomènes de quelque métaphysique fiscale, à la recherche d'un impôt immuable et invariable pour l'avenir; notre ambition est moins haute. Nous avouons sans peine que si plus tard, dans bien des années pourtant, l'impôt venait à fléchir, d'autres auraient à recommencer l'œuvre entreprise par notre génération. Il n'existe pas d'impôt immuable, la matière imposable est infinie, infinie comme les ressources de l'esprit humain, diverse comme ses appétits.

Nous avons à constater un fait, la consommation croissante de l'alcool. L'alcool a conquis le siècle, il est né avec lui, il lui a apporté dans plus d'une occurrence des ressources énormes, il l'a même doté d'un vice nouveau, l'alcoolisme.

Faut-il assigner à ce développement des causes naturelles, la lente désagrégation des vignobles et la cherté du vin ; faut-il lui donner des causes morales, le sursaut d'énergie qu'il apporte pour soutenir un effort pénible ou l'oubli des souffrances d'une vie trop intensive ? Au moraliste et au sociologue de le rechercher.

Pour nous, il nous suffit de constater qu'au point de vue budgétaire, une nouvelle ressource est née qui présente toutes les garanties possibles pour être le fondement stable d'un impôt, il nous paraît inutile d'aller au delà.

Mais au début de cette étude sur l'alcool, il ne nous suffit pas de nous défendre du reproche d'engouement, une autre critique est là toute prête et l'on nous accusera, en surchargeant la « bête de somme », de détruire une moisson en herbe. Certains ont appelé l'alcool le « trésor de guerre » qu'il ne fallait pas entamer et qui, dans une heure de crise, procurerait des ressources assurées au pays. Les avantages de ce trésor de guerre sont problématiques, puisque, on le verra plus loin, le rendement des surtaxes est déjà contesté. Notre véritable trésor de guerre, c'est le dégrèvement des boissons hygiéniques ; c'est grâce à elles qu'un gouvernement pourrait demander au pays comme suprême sacrifice l'abandon des avantages qu'il lui aurait concédés.

Une statistique, publiée par le *Bulletin des Contributions Indirectes* — 20 juillet 1898 — prouvant l'accroissement de la production de l'alcool, montre les ressources que le fisc peut en tirer.

ANNÉES	PRODUCTION	QUANTITÉS IMPOSÉES
1850	670.000 hectolitres	585.220 hectolitres
1860	763.000 »	851.823 »
1870	902.000 »	882.790 »
1880	1.556.000 »	1.313.829 »
1890	2.171.000 »	1.662.800 »
1897	2.101.000 »	1.633.973 »

Dans un espace de quarante sept ans, la production s'est accrue de 1.268.000 hectolitres, les quantités imposées de 1.048.753 hectolitres. Ce phénomène n'est pas spécial à la France, partout la matière imposable augmente. Il devient donc nécessaire d'examiner les législations étrangères et de voir si le système qu'elles appliquent est préférable au nôtre ; nous chercherons alors la meilleure forme d'impôt qu'il convient d'adopter.

La législation anglaise, à laquelle la France a fait de nombreux emprunts, est très rigoureuse; l'impôt est perçu à la fois à la production et à la circulation. Les distilleries sont exercées d'une façon sévère, un cadenas est apposé aux récipients d'alcool, cadenas dont les clefs restent entre les mains des employés de l'exercice. Au delà de quatre litres et demi, l'alcool ne peut circuler qu'en vertu d'un congé; la taxe est de 477 francs par hectolitre et les droits sont acquittés au départ.

L'Allemagne applique l'impôt à la production. La loi distingue les distilleries de substances farineuses, pour lesquelles l'impôt repose sur la capacité des cuves de fermentation, tandis que pour les autres distilleries l'impôt est perçu sur les quantités de substances mises en œuvre. La circulation est libre, mais la répression de la fraude est très sévère, le délinquant peut être temporairement puis définitivement privé du droit d'exploiter son établissement.

Les Etats-Unis appliquent l'exercice draconien de l'Angleterre; de plus, si le rendement par son insuffisance paraît déceler une fraude, l'Administration détermine un minimum de rendement pour les matières premières mises en œuvre. La circulation n'est pas libre et, comme pour la bière, l'usage des « tickets » est obligatoire.

Le système italien repose sur la différence entre les

distilleries de vin et de fruits et les distilleries d'autres matières; les premières seules sont placées sous la surveillance des agents du fisc ; pour les autres l'impôt est perçu par évaluation d'après le nombre d'ouvriers employés et de journées de travail, la capacité des alambics et la quantité de matières premières mises en œuvre. Le tarif est de 180 francs.

La Suisse enfin offre un mode tout spécial de tarification : le monopole.

L'impôt sur l'alcool peut donc affecter trois formes différentes : 1° Impôt à la circulation ; 2° Impôt à la fabrication ; 3° Monopole.

CHAPITRE V

I. Les formes de l'Impôt. II. Le Monopole

SECTION I. —LES FORMES DE L'IMPOT

Avant de prendre parti pour ou contre une augmentation sur l'alcool, il faut songer à la façon dont les surtaxes le pourront atteindre : c'est le point capital de toute législation, c'est celui qui a été le moins discuté jusqu'ici. Une augmentation de tarif étant une prime à la fraude, il est dès lors nécessaire d'user d'une forme d'impôt qui ne permette pas à un seul litre d'alcool d'échapper au fisc.

Le mode le plus rationnel est l'impôt à la fabrication usité en Angleterre, en Allemagne, en Autriche et en Hollande, mais avec des tempéraments. Certains Etats, comme la France, le combinent avec l'impôt à la circulation.

Dans la théorie absolue, sans combinaisons avec un autre mode, dès que l'alcool est produit, il acquitte la taxe. Dès lors, sa circulation est libre, elle n'a plus besoin d'être surveillée, d'où économie de frais de perception et liberté du commerce. L'exercice des distilleries nécessite alors une sévère réglementation : les bacs d'arrivée cadenassés ne sont ouverts qu'en présence du service, les appareils de fabrication, comme cela se pratique chez nous pour les sucreries, sont munis d'un compteur qui enregistre la production sans défaillances et sans erreurs.

Une objection se présente de suite à l'esprit. On a demandé la suppressioa de l'exercice pour les boissons hygiéniques et on veut le rétablir plus sévère pour l'alcool. On se trouve enfermé dans ce dilemme : ou l'exercice est injuste et il faut le supprimer, ou il est nécessaire et il faut le maintenir pour l'une comme pour l'autre des boissons.

Un exercice, non ; c'est le mot, ce n'est pas la chose, le domicile particulier du bouilleur ou du distillateur restera inviolable, seuls les locaux affectés à la fabrication resteront soumis aux visites des employés, dont le rôle se bornera à s'assurer qu'un tuyautage clandestin ne détourne pas une partie de l'alcool des bacs d'arrivée où s'opère la vérification. Le négociant préfèrera, à l'incertitude de l'acquit-à-caution qui l'oblige à payer les droits si le destinataire ne les acquitte pas à l'arrivée, un paiement immédiat, quitte à s'entourer dans la livraison de toutes les garanties nécessaires.

Mais il y a dans l'application de ce système deux dangers. Le premier, c'est la constitution d'une féodalité de l'alcool, d'un syndicat de producteurs qui, maîtres du marché, imposerait ses prix aux consommateurs. L'exemple de l'Angleterre, où le nombre des distilleries ne s'élève pas à quinze, doit nous être un avertissement. Il faudra, en effet, si, afin d'éviter des mécomptes, on n'accepte pas le système des obligations cautionnées, des capitaux énormes pour faire l'avance des droits qui ne rentreront que plus tard, petit à petit, avec bien des lenteurs.

L'exemple de l'Angleterre n'est pas à craindre, elle ne connaît et ne peut connaître par la nature du sol et du climat qu'une sorte d'alcool, l'alcool de grains. En France, au contraire, les productions naturelles abondent, le vin, le marc, le cidre, les fruits, les betteraves; un accaparement des substances productives paraît impossible.

Le petit producteur aura sa place assurée, il conservera donc son droit de production, mais pourra-t-il l'exercer? Il ne lui sera possible de faire l'avance des droits que sur des quantités minimes, cependant que le syndicat des *barons de l'alcool* l'empêchera de vendre et le conduira à la ruine.

Le second danger, avec la suppression de la surveillance à la circulation, serait la fraude. Hors de la distillerie, tout alcool est présumé avoir acquitté les droits et la preuve contraire, bien difficile à faire, appartiendra à l'Administration. Que faut-il pour monter une distillerie clandestine ? Un alambic n'est pas même nécessaire, il suffit d'une marmite percée d'un trou par où passe un tube plongeant dans l'eau froide, où se condensent les vapeurs de l'ébullition. Combien surprend-on par année de ces distilleries plus ou moins perfectionnées ? Si la distillerie n'est saisie qu'une fois dans l'année, le fait peut se produire car rien ne la décèle, le fraudeur payera une grosse amende et çonservera de fort beaux bénéfices. L'impôt à la fabrication fournit un débouché inattendu à bien des capitaux, Commanditer une distillerie clandestine dont les produits ne peuvent plus être inquiétés à la circulation se présente comme un vrai placement de père de famille.

M. Yves Guyot a tenté de réfuter cette objection de la fraude : « Prenons six hectolitres de vin à 30 francs, contenant 15 degrés d'alcool ; ils coûtent 180 francs et produisent un hectolitre d'alcool valant 50 francs : le bénéfice de la vente compenserait-il le risque ? » M. Yves Guyot conclut que non et il nous paraît difficile d'accepter son opinion. Supposons l'alcool taxé à 200 francs, le fraudeur gagnera la différence de 180 francs, prix du vin, à 200 francs, impôt sur l'alcool, soit 20 francs, plus la valeur de la marchandise, 50 francs, soit au total 70 fr. Une distillerie de vin bien agencée, fournissant comme résidus des vinasses qui peuvent être jetées à l'égout pendant la nuit, ou dans les cabinets d'aisances au moment même de la perquisition pendant les délais apportés à ouvrir, une distillerie de cette nature peut fonctionner longtemps sans être saisie. Elle fabrique de 60 à 80 litres d'alcool par jour ; faisons une moyenne de 70 litres, soit par an 255 hectolitres qui rapporteront, d'après les calculs que nous venons de faire, 17.000 francs de bénéfice. L'impôt à la fabrication serait dès lors un encouragement à la fraude, il permettrait à des torrents d'alcool d'entrer en franchise dans la circulation.

L'impôt à la circulation ne peut exister qu'avec le concours de l'impôt à la fabrication. Bien plus compliqué en apparence que ce dernier seul et surtout plus onéreux, l'impôt portant à la fois sur la fabrication et la circulation est en réalité plus sûr pour le Trésor et plus simple; une triple barrière s'oppose à la fraude : chez le distillateur, chez le négociant et chez le consommateur. Tant qu'il n'a pas d'acquéreurs, l'alcool ne paye aucun droit ; chez le fabricant et chez l'entrepositaire les droits sont garantis par la prise en charge et l'acquit-à-caution, mais lorsque le négociant veut vendre l'alcool dont son compte est crédité, il lève une expédition et paye les droits, le compte est alors déchargé de la quantité vendue. La formation d'une féodalité de l'alcool n'est plus à craindre, le premier venu en présentant une caution solvable peut avoir des milliers d'hectolitres en entrepôt, sans donner un centime au Trésor. Les commanditaires de distilleries clandestines sont moins heureux ; l'alcool, dès qu'il est produit, possède un état-civil et, s'il veut circuler, il lui faut un passeport indiquant d'où il vient, où il va ; les chances de saisie pour les produits frauduleux actuellement dépourvus de titres sont plus grandes. Il existe bien dans certaines villes des tolérances qui permettent de transporter jusqu'à deux litres de spiritueux sans expédition, mais les fraudeurs ne pourront guère user de cette tolérance sans éveiller l'attention des employés.

Adopter l'impôt à la circulation pure et simple paraît peu pratique ; les tickets que l'on veut emprunter aux Etats-Unis devraient porter les mêmes mentions que les expéditions actuelles : où serait l'avantage ?

SECTION II. — LES MONOPOLES

A la fabrication comme à la circulation, l'impôt laisse toujours le champ libre à l'industrie privée, il n'y a aucune entrave à l'initiative individuelle ; une fois les droits acquittés, le commerce est libre. Voici maintenant une théorie nouvelle qui va supprimer cette liberté, changer radicalement le mode d'impôt adopté jusqu'ici et donner en apparence une solution aux controverses qu'ont soulevées les modes précédents : c'est le monopole. Son apparition date d'hier dans les théories budgétaires et a concordé avec celle du dégrèvement des boissons hygiéniques. Pour combler le déficit que l'on allait créer on s'est reporté aux diverses industries exercées par l'Etat et l'on a vu qu'elles donnaient des bénéfices certains, puisqu'elles supprimaient la concurrence ; enfin, examinant les législations étrangères, on a constaté que beaucoup avaient mis à l'étude le projet du monopole de l'alcool et que certaines l'avaient réalisé. Un principe faux se cache aussi sous cette théorie du monopole, c'est la croyance populaire à l'omnipotence de l'Etat, qui peut faire des bénéfices avec rien.

Le monopole est la paralysie de l'industrie d'un pays, la destruction de l'effort individuel, plus actif et plus fécond que l'initiative de l'Etat. La France possède assez de monopoles uniquement établis dans un but fiscal, il paraît inutile d'en établir un nouveau. Certains pourront applaudir à cette forme de l'accaparement des moyens de production, mais si cette idée se généralisait on en arriverait à un état de choses curieux, celui d'un pays où tous les habitants, comme producteurs de quelque chose, seraient des fonctionnaires.

M. Jamais disait, en 1888, à la Chambre des députés (1) :

---

(1) Rapport fait au nom de la sous-commission du monopole des alcools, 1888.

« Pour introduire le monopole dans un pays justement épris de la liberté de l'industrie et des transactions, pour faire violence à tant d'intérêts privés, il faudrait avoir pour soi le courant de l'opinion. Mais cette volonté impérieuse du pays n'existe pas et le caractère d'une aussi grave mesure, les avantages que ses partisans lui attribuent sont encore trop contestables pour qu'il se trouve dans les Chambres une majorité décidée à tenter l'inconnu. » C'est toute la question du monopole en quelques mots.

Laissant de côté la question de principe et les difficultés d'application, le monopole se présente au point de vue financier avec des avantages sérieux. C'est le seul moyen assez puissant d'enrayer presque complètement la fraude et de taxer tout l'alcool produit ou consommé. En concentrant dans sa main tous les bénéfices, à l'abri des tarifs de la concurrence, l'Etat pourrait amener une hausse factice des prix, sans craindre de voir la consommation diminuer, puisque jusqu'ici toute augmentation de production a été corrélative d'une augmentation des taxes.

D'autres Etats que la France, pour faire face à leurs charges toujours croissantes, ont songé au monopole de l'alcool.

L'Allemagne, poursuivant un but plus politique qu'économique, a porté devant le Reichstag la question d'un monopole à la vente où tout l'alcool fabriqué était acheté par l'Empire aux prix déterminés par le Conseil fédéral ; le Conseil fédéral déterminait encore les prix de la vente par les fonctionnaires débitants. Les indemnités à payer par suite d'expropriation de profession, d'après des calculs peut-être trop inférieurs à la réalité, s'élevaient à 600 millions. Une idée plus haute que le changement d'un régime financier dominait cette réforme ; le prince de Bismarck voulait créer à l'Empire des ressources propres qui lui permissent de fournir des revenus aux Etats et de les tenir sous sa dépendance (1). M. Richter, chef de l'opposition libérale, s'éleva violemment contre le projet : « Mettre entre les mains de l'Empire un des commerces les plus actifs qui existent, ce serait accroître à l'excès son influence et son pouvoir. La liberté individuelle en recevrait une forte atteinte, comme le peu d'autonomie qui reste aux Etats ; on transformerait les petits Etats en satellites de l'Empire, c'est le but où tend M. de Bismarck depuis des années. Les progressistes refusent de travailler à cette œuvre. » Le projet du chancelier fut rejeté par 181 voix contre 3.

Le monopole affecte en Suède et en Norvège (2) une forme toute particulière, très curieuse ; le résultat à

(1) Rapport fait au nom de la sous-commission du monopole des alcools par M. E. Jamais, 1888.

(2) Cours professé à l'école de Douai.

obtenir n'est pas l'accroissement de bénéfices du Trésor, mais l'extinction de l'alcoolisme. La forme adoptée est une sorte de monopole à la vente, appelée « système de Gothembourg », du nom de la ville où elle a pris naissance. Le droit de vente au détail n'est accordé qu'à des société privées qui doivent employer leurs bénéfices à des œuvres d'utilité publique. Les statuts de ces sociétés sont approuvées par les Conseils municipaux et par le Roi, les municipalités fixent le nombre des débits et nomment leur titulaire.

La Russie a renoncé en 1862 au monopole de vente qu'elle avait adopté depuis deux siècles, soit en régie, soit à terme ; les résultats obtenus étaient défectueux (1).

Un seul pays use du monopole d'une faoon absolue, la Suisse (2) ; c'est un monopole à la fabrication et à la rectification appliqué à l'alcool d'industrie seulement. Les principales dispositions de la loi du 23 décembre 1866 sont les suivantes :

La Confédération acquiert le droit exclusif de production et d'importation, elle doit assurer une rectification

---

(1) Le monopole de vente a été rétabli en Russie en 1897, sans indemnité pour les expropriés. M. de Raffalovitch, membre correspondant de l'Académie des Sciences morales, en a fait à ce corps savant un très net exposé, pendant une séance du deuxième trimestre 1899 ; mais ce monopole se pose comme un remède de l'alcoolisme et non comme un moyen fiscal. Le principe en est la vente de l'alcool par des fonctionnaires que paye l'Etat. Le mouvement de protestation qu'a suscité son établissement n'est pas encore apaisé.

(2) *Journal des Contributions Indirectes*, 1892 n° 6 — 1893 n° 14.

suffisante, elle fait servir les dix plus grandes usines industrielles à la rectification et tâche de réduire le nombre des distilleries agricoles. La fourniture du quart de la consommation est réservée à la production indigène de la façon suivante : les livraisons sont mises aux enchères par lots de 150 à 1.000 hectolitres ; une distillerie ne peut obtenir qu'un seul lot, ce lot ne peut être fractionné entre d'autres distilleries. En vue de ces adjudications, la loi adopte un ordre de préférence : en première ligne, viennent les associations agricoles travaillant des matières indigènes, puis les distilleries travaillant ces mêmes matières, enfin les associations, les distilleries travaillant des matières étrangères. Pour les prix de soumission, les distilleries sont divisées en quatre catégories, suivant l'importance de leur production.

D'après les différentes législations de l'Europe, on voit que le monopole se présente sous trois formes différentes : 1° monopole à la production ; 2° monopole à la vente ; 3° monopole à la rectification,

Le monopole de la fabrication supprime tous les producteurs particuliers, il ne peut s'appliquer raisonnablement qu'aux distilleries industrielles ou agricoles, car il comporte la mainmise de l'Etat sur tous les produits susceptibles de produire de l'alcool. Il est d'une application facile en Angleterre, où l'alcool de grains est presque le seul en usage, mais il semble difficile à introduire en France, où le nombre des matières susceptibles de produire l'alcool est infini. Les agriculteurs ne pourront pas tirer de leurs récoltes toutes les ressources qu'elles comportent et, si l'Etat n'achète pas leurs marcs ou leurs fruits, ils en seront réduits à les jeter ou à les transformer en alcool de contrebande.

L'Etat est d'ailleurs dans l'impossibilité de surveiller toutes les matières si diverses propres à alimenter une distillerie. Dans un autre ordre d'idées, il faudra payer de très fortes indemnités d'expropriation ; la statistique officielle fait apparaître, pour 1897, 5.062 distillateurs ou bouilleurs de profession, plus 342.066 bouilleurs de cru, et ce dernier chiffre ne peut encore servir de base à un calcul des sommes à payer en cas d'expropriation, puisque la même statistique évalue le nombre des bouilleurs qui distillent habituellement ou incidemment à 918.403. Si l'on veut, pour éviter les dangers de fraude, restreindre, comme en Suisse, le monopole de l'alcool industriel, on ne voit plus sa raison d'être. Sur les 2.101.029 hectolitres d'alcool produits en 1897, il faut défalquer 107.111 hectolitres provenant des bouilleurs de cru, plus 82.227 hectolitres provenant de la distillation, par des fabricants, des vins, cidres, marcs et fruits, il ne reste donc que 189.338 hectolitres soumis au monopole, chiffre insuffisant pour le justifier (1).

(1) *Bulletin des Contributions Indirectes*, 1898, n° 14, 2e partie.

Le monopole à la vente, tout en paraissant laisser libre la production, l'entrave en la limitant. L'Etat ne peut acheter des stocks indéfinis, il ne peut passer des marchés que dans la mesure de la consommation ; comment règlera-t il alors ses achats? Etablira-t-il, comme en Suisse, des classes de producteurs ? Ce serait établir entre les commerçants une inégalité manifeste que rien ne justifie ; au surplus, la différence entre les matières indigènes susceptibles de produire de l'alcool et les matières étrangères n'a pas la même importance en France qu'en Suisse. Cette distinction est, en Suisse, un encouragement à la culture des produits nationaux, encouragement inutile chez nous puisque la majorité des industriels français se sert des produits fournis en abondance par le pays même.

Le système aura pour ses débuts une dette beaucoup plus élevée que les autres monopoles, si l'on donne — et cela est presque inévitable — la série d'indemnités que prévoyait le projet allemand. Il faudra compter avec les bouilleurs ou distillateurs dont les usines seront supprimées, le personnel de ces usines, les employés et les agents professionnels du commerce des spiritueux, enfin avec les débitants qui, d'après les derniers relevés, Paris excepté, sont au nombre de 484.486, et avec les marchands en gros au nombre de 27.227, leurs employés, les courtiers et autres intermédiaires (1). On arrive facilement à compter près de deux millions de personnes qui auraient droit à des indemnités. Le revenu de l'impôt est hypothéqué pour longtemps encore.

M. le professeur Alglave (2) a imaginé une forme du monopole à la vente que M. Léon Say qualifie de « monopole facultatif. » La théorie du professeur Alglave est trop connue pour qu'on en fasse un long exposé, nous nous bornerons à en décrire les grandes lignes : le producteur est libre de vendre son alcool à qui bon lui semble : si l'Etat l'achète, il l'enferme pour le revendre dans de petites bouteilles spéciales qui, vidées, ne peuvent être remplies à nouveau sans le concours des agents du fisc. L'alcool vendu aux particuliers doit être aussi enfermé dans de petites bouteilles que l'Etat fournit, mais il les vend vides aussi cher que ses bouteilles pleines. Si les charges de l'expropriation sont évitées, elles sont remplacées par de gros frais de manutention et de transport. La fraude, d'ailleurs, n'est pas arrêtée, puisque M. Alglave maintient le privilège des bouilleurs de cru ; au contraire, les enlèvements clandestins, devenus de plus de rapport, augmenteront ;

---

(1) *Bulletin des Contributions Indirectes*, 1898, n° 16, 2e partie.

(2) Les théories du professeur Alglave ainsi que son projet de loi en 49 articles, publiés dans le *Temps*, en divers articles, on été réunis en un seul dans le *Journal des Contributions Indirectes* 1896, nos 40-41. Une critique très documentée en a été publiée par le même journal, 1896, nos 48, 49, 50.

le débitant conserve pour orner ses étagères les petites bouteilles fiscales, mais il écoule aux consommateurs connus de lui tout l'alcool que pourront lui fournir les bouilleurs.

Si le monopole était praticable en France, il rendrait d'inappréciables services ; les 700 ou 800 millions auxquels son produit a été évalué serviraient non seulement au dégrèvement des boissons hygiéniques mais à bien d'autres dégrèvements. Pourtant, ces 800 millions ne naissent pas tout seuls, l'Etat ne peut pas faire des bénéfices sans qu'il en coûte rien à personne, la production nationale en ferait les frais et le monopole aboutirait à la ruine de l'industrie de l'alcool.

Nous pouvons maintenant systématiser nos critiques contre l'accaparement de la vente et de la production.

Le monopole, c'est la destruction de la liberté commerciale, la porte ouverte à la fraude, partant l'aléa des bénéfices ; c'est un impôt débutant par une mauvaise opération financière qui grève son produit de tout le poids des indemnités et des expropriations ; c'est enfin le désarroi jeté dans le pays qui ne supporterait pas sans murmures un changement d'habitude. On peut modifier une loi, on ne peut pas lui en substituer une autre diamétralement opposée, surtout pour l'impôt indirect dont les nécessités se font sentir chaque jour et presque à chaque heure. On objectera peut-être l'exemple du monopole des tabacs. D'abord il n'a rien de commun avec celui de l'alcool et ensuite, s'il a pu être institué en 1810, lorsque les fabriques étaient peu nombreuses et que la consommation n'avait pas pris les proportions actuelles, maintenant, il serait impossible de l'établir. Le monopole des allumetttes n'a atteint sa forme définitive que très tard, par toute une succession de transitions, et c'est la Ferme qui a subi l'impopularité dont aurait bénéficié l'Etat. Tabacs et allumettes continuent d'ailleurs d'être l'objet d'une vive critique et sont les deux matières fiscales que la fraude atteint le plus.

Nous n'avons eu en vue jusqu'ici que les intérêts du Trésor et du producteur ; on a voulu, pour enrichir l'Etat, se servir de l'intérêt du consommateur, intérêt qui devait l'amener de très bonne grâce à payer l'impôt. Ce moyen ingénieux porte le nom de monopole de la rectification. Comme nous l'avons déjà dit, l'impôt ne peut pas être le châtiment d'un vice, nous avouons cependant qu'un gouvernement ne doit pas avoir souci de son seul patrimoine matériel ; il est un patrimoine plus haut qui fait la vraie fortune d'un pays, c'est la santé et la conservation de la race. Or l'alcool, l'alcool impur surtout, — la science médicale le prouve — est un poison physique comme un poison moral. Il devient donc du devoir de l'Etat de ne laisser consommer à ses sujets que des alcools très purs, de rendre la rectification obligatoire et de la monopoliser au besoin.

Une constatation est nécessaire tout d'abord, c'est que le goût officiel n'est pas toujours le goût du public, l'alcool non rectifié ou mal rectifié a un goût *sui generis* qui forme son bouquet, bouquet que la rectification lui enlève ; c'est ce goût qui plaît au consommateur. Cela est si vrai qu'en Suisse, au début du monopole, où l'on ne livrait que des alcools épurés, on dut renoncer aux fournitures de ces alcools neutres, parfaitement insipides, devant les protestations des buveurs. Il y aurait encore un moyen, ce serait de ne pas tenir compte des protestations du public et d'établir un nouveau monopole du palais et un goût d'Etat, mais les bénéfices de la vente risqueraient trop de s'en ressentir et cette sollicitude intéressée serait un leurre au point de vue pécuniaire.

Ce n'est pourtant qu'une face du problème, qui se présente comme insoluble lorsqu'on a reconnu l'impossibilité d'établir un criterium de rectification. L'état de la science ne permet pas de reconnaître si un alcool est absolument pur. Pourquoi alors établir un degré de pureté qui ne peut être qu'incertain ? D'autre part, la science n'a pu encore déterminer le degré de nocivité des impuretés de l'alcool. Pourquoi dans l'alcool étalon bannir un élément plutôt qu'un autre ?

Il faut savoir que la distillation des flegmes — les flegmes sont le résultat d'une première distillation — donne trois sortes de matières, les produits de tête et les produits de queue, où se trouvent des toxiques incomplètement déterminés, et les produits intermédiaires, qui contiennent l'alcool éthylique, alcool qui ne peut jamais être obtenu à l'état de pureté absolue.

M. Léon Say (1), en s'inspirant des études d'un chimiste (2), M. Bardy, avait proposé la méthode de Rose, en vigueur dans les laboratoires suisses, pour déterminer le degré d'impureté, en reconnaissant que cette méthode empirique ne donne pas toujours les résultats attendus. M. Léon Say n'avait pas pris garde à une des conclusions du rapport Bardy, conclusion citée au Sénat par M. Roussel : « Il ne faut pas se le dissimuler, la recherche des impuretés dans l'alcool de commerce deviendra dans un avenir éloigné extrêmement difficile, par suite des perfectionnements qui s'introduisent chaque jour dans l'industrie ». M. Roussel citait pour compléter cette démonstration un document paru dans le recueil des rapports de la Société chimique allemande « *Berichte der Chemischen Gesellschaft* », dû au chef du

---

(1) Rapport général au nom de la commission instituée au ministère des finances, par décret du 18 septembre 1887, à l'effet d'étudier les réformes qu'il convient d'apporter à la législation de l'alcool.

(2) Idées résumées dans une brochure parue au commencement de 1889, sous le titre : « *Recherches et dosage des impuretés dans les alcools industriels* », par Ch. Bardy, directeur du laboratoire des Contrib. indir. à Paris.

De tous les procédés adoptés, M. Bardy conclut que le meilleur est celui de Rose adopté en Suisse, dont le principe est l'absoption des alcools supérieurs par le chloroforme. Le chimiste fait toutefois remarquer que cette méthode reste et restera un procédé de laboratoire.

laboratoire d'analyses chimiques de Hanovre. Ce chimiste, sur des recherches faites à la demande de l'autorité publique, constatait l'absence de procédés pratiques pour déterminer la nature des spiritueux et lui-même n'était parvenu qu'à 1.50 % près à reconnaître le degré de pureté : « *Bis etwa 1.50 % Furselœl scneff und zicher su bestimmen.*

Quel critérium adoptera l'Etat ? Tous les produits devront-ils passer par l'usine officielle ? D'autre part est il possible à un employé vérifiant un chargement de reconnaître la pureté de l'alcool, devra-t-il reconnaître les réactions que font avec les aldéhydes le diazo-sulfanilate de potasse ou du furfurol avec l'acétate d'aniline? Fera-t-il dans le tube de Rose le mélange de l'alcool et du chloroforme ? Et si l'on répond que tout cela est affaire du laboratoire, qui analysera les échantillons prélevés par l'employé ? Combien faudra-t-il de laboratoires pour analyser les échantillons des centaines de chargements journellement vérifiés ?

Le monopole de la rectification sera d'ailleurs très onéreux ; on peut s'en rendre compte par l'exemple de la Suisse, où il existe concurremment avec le monopole de la fabrication. Le produit de l'impôt suisse publié en mai 1898 par le Bulletin statistique du Ministère des Finances donne les résultats moyens suivants : sur 116 millions qu'a produits par an le monopole, 62 millions, c'est-à-dire plus de la moitié des perceptions, ont passé en frais de toutes sortes.

Un commerce a été détruit et la législation bouleversée : enfin les consommateurs protestent et ce résultat n'est pas fait pour nous encourager.

De tous les modes d'impôt proposés pour les spiritueux, le système actuel paraît donc offrir le plus de garantie et on peut en proposer le maintien.

SECTION III. — LES ALCOOLS FICTIFS

On ne peut encore se prononcer sur les avantages budgétaires que donnera la réforme du 13 avril 1898 ; mal accueillie par le commerce, elle a été l'objet de vives critiques, bien qu'elle apporte des adoucissements à l'état de choses antérieur pour les vins titrant de 15 à 21 degrés. La loi de 1871 ne faisait aucune différence entre les vermouths, les vins de liqueur et d'imitation et les vins ordinaires ; seulement les vins d'une force alcoolique de 15 à 21 degrés payaient les doubles droits afférents à l'alcool. Ces vins désormais sont des alcools fictifs, mais s'ils titrent moins de 15 degrés, ils ne paient que les demi-droits de l'alcool. Pour ceux-ci l'ancien régime était préférable ; ces vins, en effet, étant fabriqués presque de toutes pièces ou ayant été soumis dans les pays d'origine à un fort vinage. Dans ces pays, l'alcool du vinage, destiné à l'exportation, échappait aux droits, il rentrait, ainsi incorporé, librement en France et faisait une concurrence désastreuse aux produits nationaux similaires. Quant aux vins artificiels étrangers, surtout ceux de qualités inférieures, ils n'avaient de vin que le nom et n'étaient pour la plupart que des dilutions alcooliques.

Ces alcools fictifs sont surtout des boissons de luxe qui n'ont aucun droit à profiter des avantages que le dégrèvement des boissons hygiéniques accordera aux produits naturels. Mais alors il faut aller plus loin dans la voie de la réforme et supprimer la concession du demi-tarif, qu'aucune raison ne justifie.

La loi du 6 avril 1897 sur les vins de raisins secs a eu un contre-coup fâcheux sur le commerce. Il est évident que nombre d'établissements ont dû fermer, mais un progrès ne s'accomplit pas sans secousses. La protection des vignobles exigeait des mesures efficaces ; d'ailleurs, si le marché français leur est fermé, les vins de raisins secs gardent encore le marché international. Quant à la petite consommation, la consommation de famille, la loi l'a entourée d'assez de formalités protectrices pour qu'il soit inutile d'aller au delà.

CHAPITRE VI

Les Bouilleurs de cru

La suppression du privilège des bouilleurs de cru est un élément de recettes qu'il importe de ne pas négliger ; cette suppression a donné lieu en France à de nombreuses discussions, mais le privilège est si profondément enraciné que tous les assauts qui lui ont été livrés n'ont contribué qu'à démontrer la puissance de ses défenseurs.

Aucun pays ne concède de privilèges aux bouilleurs de cru.

En Allemagne, les obligations imposées aux détenteurs d'alambics s'appliquent à tous les bouilleurs sans exception. Durant toute leur période d'activité, les appareils sont soumis à la surveillance du fisc.

En Autriche, les bouilleurs de cru sont soumis aux déclarations de fabrication et au paiement de l'impôt ; une franchise de 50 litres est accordée comme consommation de famille.

La Belgique ne s'occupe pas spécialement des bouilleurs de cru, une seule disposition législative pourrait

9

leur être appliquée : la réduction du 15 pour cent sur le montant de l'impôt des distilleries, accordée aux distillateurs dont la fabrication ne s'exerce pas sur plus de quinze hectolitres de matière première par vingt-quatre heures ; c'est une concession faite aux distilleries agricoles.

En Italie, jusqu'à la loi du 24 juin 1888, les bouilleurs de cru jouissaient d'une exemption de droits pour une consommation de famille de 50 litres de trois-six à 70 degrés ; cette liberté vient de leur être retirée.

Les autres pays n'accordent aucune immunité spéciale. La loi française est seule à leur reconnaître un privilège dont il est nécessaire de chercher les causes.

Dans l'ensemble des idées qui ont donné naissance au privilège des bouilleurs de cru, la première et celle qui a eu le plus d'influence est une notion inexacte du droit de propriété ; c'est le *jus utendi et abutendi* qui s'est présenté sous une forme populaire à l'esprit des cultivateurs. Du droit de propriété sur la récolte, on a déduit le droit de disposer librement de cette récolte sans songer que l'exercice du droit est entravé d'une façon occulte par la législation fiscale du pays. Le vigneron fait le raisonnement suivant : « Puisque je puis faire librement du vin avec mes raisins, pourquoi ne pourrai-je pas faire de l'alcool avec le marc de ces raisins ? » Le fisc, d'autre part, soutient que, si un impôt est établi sur l'alcool, toute production d'alcool devient imposable et qu'au-dessus du droit de propriété et supérieure à ce droit, il existe la règle fiscale qui met une restriction à l'exercice de ce droit (1).

Les luttes politiques ont, de plus, compliqué la question, qui est devenue un moyen de combat électoral. Le rapporteur général du budget disait, en 1888, à la Chambre des députés, séance du 13 mars (2) : « Pourquoi la loi de 1872 a-t-elle été abrogée ? C'est le 15 décembre 1875 qu'on l'abroge, à la veille des élections générales. En réalité, il ne faut pas se le dissimuler, ce qui fait la force des bouilleurs de cru, c'est leur importance électorale dans certains départements. »

La preuve en est dans les deux affiches suivantes placardées pendant la période électorale de l'année 1898 : (3)

« Appel aux électeurs.

« Chers Concitoyens,

« L'effort que vous avez fait l'année dernière n'est « pas resté sans résultats.... Mais après les élections « les difficultés financières surgiront de nouveau plus « pressantes et on sera très certainement conduit à « demander à l'alcool les ressources nécessaires à « l'équilibre du budget. Le droit des bouilleurs de cru « sera inévitablement remis en question.

(1) *Le Vigneron Narbonais.* Avril 1893.
(2) *Journal Officiel.* Comptes rendus des Chambres. S. du 13 mars 1888.
(3) *Journal des Contributions Indirectes* 1898, n° 18.

« Bouilleurs de cru !

« Souvenez-vous que le droit n'existe qu'autant qu'on « a la force de le faire respecter et que l'union fait la « force. Groupez-vous plus étroitement que jamais pour « imposer à tous les candidats qui solliciteront vos suf- « frages l'engagement formel de s'opposer énergique- « ment à toute mesure susceptible de compromettre « directement ou indirectement vos droits imprescrip- « tibles et l'inviolabilité du domicile. »

A quoi le comité des antibouilleurs répondait :

« Electeurs !

« Le privilège des bouilleurs de cru est antidémocra- « tique ; il est réservé au propriétaire à l'exclusion de « celui qui ne possède pas ; il est la cause directe de « l'alcoolisme dans les campagnes et le spoliateur du « Trésor par la fraude éhontée qu'il engendre.

« Les défenseurs des bouilleurs de cru sont donc les « ennemis de l'intérêt général du pays et un Français « patriote a le devoir de leur refuser son suffrage. »

Quels sont, maintenant que nous connaissons l'état de la question, les arguments que les bouilleurs de cru invoquent en leur faveur ?

Le bouilleur de cru est le producteur agricole qui transforme à son gré la récolte de son domaine. On ne peut pas lui défendre, s'il a une boulangerie sur ses terres, de transformer son blé en farine et en pain. Cet agriculteur fait la même opération en transformant son cidre ou son vin en eau-de-vie, il n'use pas d'un privilège, mais d'un droit. Le second argument des bouilleurs se fonde sur les résultats de l'expérience de 1872 et nie l'effet de la réforme.

Les bouilleurs de cru, disions-nous, ne font qu'user d'un droit, ils n'ont pas de privilège ; mais pourquoi ce droit n'existe-t-il pas pour les cultivateurs de betteraves ou de pommes de terre ? Ces derniers reconnaissent que les produits de la distillation de leurs betteraves ou de leurs pommes de terre ne sont pas des produits naturels, qu'ils ont tous les caractères de produits industriels. Le vin est bien un produit naturel, mais sa transformation en alcool par distillation lui enlève ce caractère ; la distillerie du bouilleur de cru et la distillerie industrielle doivent être alors traitées sur le même pied d'égalité.

Pourquoi les planteurs de tabacs ne réclameraient-ils pas un traitement d'exception ; pourquoi les cultivateurs qui font de la bière avec l'orge et le houblon de leur champ continueraient-ils à payer les taxes de brasseur et ne demanderaient-ils pas le privilège de brasseurs de cru (1) ?

Une expérience de la suppression du privilège a déjà

---

(1) La loi de finances du 30 mai 1899 vient de créer dans une certaine mesure un privilège de brasseur de cru.

été tentée, elle a pleinement réussi. Après la loi de 1872, dans les trente-un départements à bouilleurs de cru, l'augmentation de la production de l'alcool a été de 47 %, lorsqu'elle n'était que de 8 % dans douze départements à distilleries industrielles. C'est donc réellement à la suppression du privilège que l'on peut attribuer l'augmentation de la production pendant la période de 1873-1874. Les bouilleurs de cru ont produit d'aprés les chiffres officiels établis par l'exercice (1) :

en 1873 — 174.895 hectolitres,
en 1874 — 184.011 —

Il s'est produit une augmentation de 9.000 hectolitres d'une année à l'autre, preuve évidente que la loi n'avait ni supprimé l'industrie des bouilleurs, ni ruiné les petits propriétaires. Il faut donc détruire le privilège des bouilleurs de cru, parce qu'il établit entre les contribuables une inégalité fiscale choquante, qu'il frustre le Trésor d'une recette légitime et, surtout, parce que cet alcool privilégié va en majeure partie alimenter la fraude.

La fraude est, en effet, trés simple ; puisque l'alcool produit n'est pas connu de la Régie, les petits bouilleurs peuvent transporter un ou deux litres clandestinement au débit voisin et l'alimenter ainsi peu à peu. Le service est impuissant à reconnaître cette fraude chez le débi-

(1) *Journal Officiel*, 1888. Documents parlementaires, annexe 2532.

tant, celui-ci ayant bien soin de ne pas laisser surprendre d'excédents dans son magasin. Les employés constatent que la consommation de l'alcool a diminué dans la localité et les moralistes s'en réjouissent. Cette fraude est celle des petits bouilleurs, fraude officiellement constatée, puisque, dans une enquête faite en 1849 par le préfet du Calvados, un déposant, M. Lesueur, l'évaluait à 90 pour cent (1).

Les bouilleurs qui ont une récolte plus forte opèrent sur une grande échelle ; deux exemples classiques dans l'Administration des Contributions Indirectes feront saisir leur manière d'opérer :

Un fraudeur achète dix pièces de vin à un bouilleur de cru, mais une de ces dix pièces contient de l'alcool coloré en rouge. Le fût a, d'ailleurs, toutes les apparences d'un fût servant depuis longtemps au transport du vin, les douves sont rougeâtres et exhalent l'odeur *sui generis* des vieilles barriques. Le chargement ainsi composé est présenté à l'entrée d'une ville rédimée ; or, comme jamais on ne vérifie le degré d'un vin ordinaire, le chef de barrière se contente de jauger un ou deux fûts ; parfois il tire quelques gouttes du liquide dans une éprouvette, mais la couleur lui suffit, rarement il songe à goûter au liquide qu'on lui présente, de telle sorte que le fraudeur a neuf chances sur dix de voir réussir sa manœuvre illicite.

---

(1) *Journal Officiel*, 1888, Documents parlementaires, annexe 2532.

Voici le second procédé tel qu'il a été cité à la tribune de la Chambre des députés : « Un individu de la Gironde, connu pour livrer des alcools à 100 francs, droits compris, prend dix hectolitres d'alcool à Bordeaux. Ces dix hectolitres arrivés, il lève un acquit-à-caution à quatre heures du soir — son magasin ne ferme qu'à six heures — pour que l'alcool soit réexpédié le lendemain. De quatre heures à six heures, les employés constatent la présence des dix hectolitres d'alcool, le magasin fermé, ils passent la nuit en permanence, gardant toutes les issues ; au matin, en rentrant, ils s'aperçoivent de la disparition des dix hectolitres. Le négociant, interrogé, leur répond : « L'alcool est sur telle route, vous le trouverez à tel endroit. » En effet, à l'endroit indiqué, on trouve les dix hectolitres d'alcool, mais provenant ceux-ci de chez un bouilleur ; accompagnés de l'acquit en règle levé la veille.

Si le privilège avait conservé sa forme primitive servant à accorder aux familles des cultivateurs quelques litres de spiritueux que l'on buvait aux grandes occasions, jamais on n'aurait songé à en demander l'abolition ; mais lorsqu'il sert de paravent à la fraude, il n'a plus sa raison d'être. Il n'y aurait pas de telles protestations, s'il ne s'agissait que de la consommation de famille.

---

(1) *Journal officiel*, 1888, Documents parlementaires, annexe 2532.

Si l'on invoque en dernière ressource l'inquisition de l'exercice qui va avoir lieu, on se demande pourquoi les distillateurs de betteraves n'ont jamais protesté contre l'exercice bien plus sévère auquel ils sont soumis. Cet exercice même n'en est plus un, il se borne à un simple contrôle de fabrication, réduit à la période limitée de quatre ou cinq semaines ; une fois l'alcool pris en charge, l'exercice consistera en quelques inventaires très éloignés les uns des autres pour constater les manquants.

Le privilège doit être supprimé; mais faut-il accorder la franchise des droits à une partie des quantités produites comme consommation de famille ? Les divers projets l'accordaient à des quantités variant entre 25 et 50 litres d'alcool pur, soit, à une moyenne de 50 degrés, à 50 ou 100 litres d'eau-de-vie en volume. Quelles raisons justifient cette exemption d'impôt pour une consommation considérée comme superflue, même comme nuisible ? Nous trouvons des arguments à l'étranger, dans le discours du Ministre des Finances italien obtenant, en 1888, la suppression de la consommation de famille de 50 litres à 70 degrés.

« L'eau-de-vie produite par les bouilleurs a d'abord été consommée en famille, mais les choses ont bien changé depuis que tout litre d'alcool pur versé dans la consommation représente 1 fr. 17 d'impôt en sus de la valeur de la marchandise. La production en exemption de taxes a eté vivement stimulée, elle ne se poursuit plus comme autrefois en vue de la propre consommation du bouilleur. Maintenant on s'y adonne pour vendre clandestinement l'eau-de-vie en détail, de telle sorte que l'eau-de-vie à bas titre, obtenue dans la plupart des cas par des procédés anciens et barbares, riche en éléments impurs et nuisibles à la santé, vient faire une concurrence désastreuse aux produits des meilleures distilleries industrielles. »

Que l'on remplace les 50 litres à 70 degrés, soit seulement 35 litres d'alcool pur, par les 100 litres français et l'on verra que les objections du ministre italien ont encore bien plus de force chez nous. Le but des concessions pour la consommation de famille était de faire accepter la réforme et de rendre plus doux le changement de régime ; c'étaient des concessions parlementaires qu'aucune raison financière ne motivait. Aussi, comme nous nous sommes montré hostile au maintien du privilège, nous nous montrons hostile à toute atténuation du système. L'impôt est un, tous sont égaux devant lui, il est donc inutile, sous prétexte de défendre l'intérêt du petit cultivateur, de ressusciter le privilège sous une autre forme.

La quantité d'alcool pur devenue dès lors imposable a été (1), en 1897, de 107.000 hectolitres, quantité

(1) *Bulletin des Contributions Indirectes*, 1898, n° 14, 2e partie.

inférieure à celle des années 1894, 1895, 1896, où la production a atteint 214.000, 129.000, 134.000 hectolitres soit, pour une période de quatre ans, une moyenne de 146.000 hectolitres. Mais une partie de cette quantité paye le droit de consommation lorsqu'elle est livrée à la vente, on peut l'évaluer à 45.000 hectolitres (1). En 1895, la production des bouilleurs de cru avait été de 129.000 hectolitres et la quantité consommée en franchise, de 94 000 hectolitres. Il reste donc sur notre moyenne de 146.000 hectolitres, 111.000 hectolitres d'alcool pur qui n'auraient pas acquitté les droits et qui, au taux de 156 fr. 25, auraient rapporté 17.343.750 francs.

Mais il ne suffit pas d'établir une taxe, il faut avoir la possibilité de la percevoir, et il paraît bien difficile d'exercer les 350.000 bouilleurs de cru qui travaillent annuellement (2) ; c'est encore un des arguments que présentent les adversaires de la suppression. La difficulté n'est qu'apparente. Sur les 350.000 bouilleurs, 50.000 possèdent des alambics et, pour ceux-là, l'exercice devient facile. Pendant les périodes de chômage une pièce essentielle des alambics, voire l'appareil entier, si ses dimensions le permettent, sera

---

(1) La statistique pour les années 1896 et 1897 n'a pas encore été publiée : la dernière parue, juillet 1898, a trait à l'année 1895.

(2) *Bulletin des Contributions Indirectes*, 1898, n° 14, 2e partie.

déposée à la Mairie ; il suffira au bouilleur d'une déclaration de commencer faite vingt-quatre heures à l'avance pour que l'appareil lui soit rendu. Les employés, avertis par la déclaration, se rendront chez le bouilleur à l'heure indiquée pour la mise de feu, scelleront le récipient où s'écoule l'alcool, ainsi que les diverses ouvertures par où il pourrait être détourné. Lorsque toutes les matières premières auront été mises en œuvre, ils lèveront les scellés pour prendre en charge l'alcool descendu dans les bacs.

Mettons 300.000 bouilleurs, dont le compte ne peut pas être suivi de cette manière ; mais jusqu'à présent, les propriétaires dépourvus d'alambic font distiller leur récolte au bouilleur ambulant. En tenant compte des habitudes prises, pourquoi n'établirait-on pas dans les communes à bouilleurs un alambic banal ? L'alcool serait conservé dans un dépôt commun. Pour éviter la multiplicité des comptes, l'alambic ne fonctionnerait pas pour une quantité moindre de deux hectolitres d'alcool pur ; les propriétaires qui voudraient obtenir des quantités inférieures se cotiseraient pour parfaire le quantum exigé ; l'Administration prendrait en charge non pas le compte particulier de chaque individu, mais le compte total du syndicat ; toutefois, le dépôt à l'entrepôt public s'effectuerait dans des bonbonnes différentes pour que chaque récoltant puisse profiter de la qualité particulière de ses eaux-de-vie. Pour les bouilleurs auxquels répugnerait l'usage de l'alambic banal, le ministère des bouilleurs ambulants serait conservé en les rendant responsables, sous peine d'une forte amende et d'emprisonnement, des quantités déclarées ; tout bouilleur ambulant avant de commencer une opération devrait faire une déclaration de mise de feu.

CHAPITRE VII

Les Surtaxes

Le dégrèvement des boissons hygiéniques va créer un déficit énorme dans le budget et puisque les boissons doivent se suffire à elles-mêmes, il ne faut demander des modérations de taxe qu'à une meilleure assiette de l'impôt. La fixation des nouveaux tarifs, leur application et la preuve que de cette application il ne pourra naître aucun mécompte, viendront confirmer les propositions que nous avons essayé de défendre durant le cours de cette étude.

L'alcool peut encore, sans que l'impôt fléchisse, être assujetti à une surtaxe. On a songé à lui faire supporter tout le poids de l'impôt des boissons ; la chose n'est pas impossible, mais on ne peut y arriver d'un seul coup. Son tarif actuel est de 156 fr. 25, il n'est pas un projet qui n'ait reconnu la nécessité de l'élever ; de tous les chiffres proposés nous nous arrêterons à celui de 205 francs, qui a paru réunir la majorité chaque fois que cette question a été soulevée.

La production de l'alcool est actuellement de deux

millions cent mille hectolitres, mais cette production ne représente pas la quantité imposable, il faut en retrancher pour usages divers (dénaturation, vinaigrerie, manquants couverts) 360.000 hectolitres et pour l'exportation en franchise 278.000 hectolitres, soit au total 638.000 hectolitres. D'autre part, il est importé pour la consommation 130.000 hectolitres, ce qui réduit la déduction à 508.000 hectolitres. La quantité réellement imposable ressort à 1.592.000 hectolitres qui, avec une surtaxe de 48 fr. 25, rendront une plus-value de 77.610.000 francs.

Nous avons réservé pour cette dernière partie les objections que l'on fait aux surtaxes, ces objections étant les mêmes que celles opposées au rendement que nous venons d'établir.

On craint d'abord un abaissement considérable de la consommation ; ce n'est pas la première surtaxe imposée à l'alcool, les précédents historiques prouvent l'inanité de cette crainte. En 1855 les droits sont élevés de 45 % ; la consommation augmente et si l'on croit que cet argument est infirmé par un fait, l'apparition des alcools d'industrie sur le marché en 1855, il suffit d'examiner l'effet de la surtaxe de 1860 : la consommation baisse de 18.000 hectolitres, baisse normale, simple fluctuation que subit l'alcool d'une année à l'autre et qui s'équilibre peu de temps après par une augmentation. On peut nous opposer encore l'exemple classique des Etats-Uuis, si habilement décrit par David Wells, où, en 1864, la surtaxe des alcools cause pendant cinq ans un déficit au Trésor de vingt-deux millions. Sans vouloir noter que ce déficit n'est que temporaire et qu'il a été amorti par des excédents de recettes ultérieures, nous nous contenterons de faire remarquer que tout l'alcool aux Etats-Unis était surtaxé, aussi bien l'alcool destiné aux usages industriels et à la dénaturation, que l'alcool destiné à la consommation. Il est évident que la loi économique des substitutions devait amener les industries trop lourdement imposées à chercher un produit moins coûteux. Nous avons évité cet écueil dans notre évaluation, puisque nous ne faisons porter la surtaxe de 48 fr. 75 que sur l'alcool produit pour la consommation.

On peut cependant admettre une dépression momentanée de la consommation ; trois causes y participeront :

1° La recrudescence de la fraude excitée par l'appât d'un gain illicite plus élevé. Il ne faut pas exagérer cette fraude, le professionnel seul continuera ses opérations : quant aux fraudeurs d'occasion, le chiffre des amendes encourues ralentira leur zèle et ils s'apercevront vite que le chapitre des profits et pertes dépasse celui des bénéfices. La fraude, à peu de chose près, restera stationnaire ;

2° Le développement de la consommation des boissons

hygiéniques aura une répercussion forcée sur celle de l'alcool, mais cette dépression se serait produite avec le tarif actuel ;

3° L'augmentation des prix de vente éloignera les consommateurs.

Il faut faire une distinction.

L'acheteur au litre d'une bouteille de cognac ou d'absinthe n'est qu'un consommateur d'occasion, il a besoin dans certaines circonstances d'une bouteille de liqueur, ce n'est pas un écart de 0 fr. 48 dans le prix qui l'arrêtera et, à plus forte raison, il ne songera pas en servant son cognac à en diminuer la quantité sous prétexte de surtaxe. Le consommateur des cafés, parce que le verre de sa boisson préférée sera en hausse de cinq centimes, ne renoncera pas à ses habitudes. Seule, la consommation du débit, la plus importante nous le contestons pas, fléchira quelque peu. On peut faire trois hypothèses : ou le degré moyen du petit verre passera de 45 à 43 ou 42 degrés, ou son volume diminuera, ou les prix seront augmentés.

Le degré moyen ne peut pas être abaissé indéfiniment, lorsqu'il sera descendu à 42 degrés ce sera l'extrême limite ; le débitant ne commettra pas la faute de diminuer la capacité de ses verres, les réclamations du public seraient trop vives, il y perdrait sa clientèle, comme en augmentant ses prix. Evidemment, bien que le buveur d'alcool cherche avant tout à satisfaire sa passion, les ressources de l'ouvrier ne lui permettront pas d'absorber la même quantité d'alcool pur que par le passé ; l'hygiène y trouvera son compte, mais le budget subira une perte d'environ deux millions, au lieu de six millions accusés par les pessimistes. Enfin pour répondre d'une façon plus générale aux critiques dirigées contre le chiffre trop élevé de l'impôt, nous trouverons de précieuses indications dans les tarifs des pays pressés par les mêmes besoins financiers que la France. La taxe est en Angleterre de 477 francs, en Russie de 455 francs, aux Etats-Unis de 255 francs, en Norvège de 252 francs, en Hollande de 229 francs, en Italie de 180 francs; notre tarif de 205 francs serait encore dépassé par celui de plus d'un Etat étranger. La seule cause qui s'oppose à l'augmentation des taxes, cause sur laquelle nous n'insisterons pas, est l'hostilité des débitants qui sentent malaisé de recouvrer sur le consommateur la surcharge d'impôt qui les viendrait atteindre.

Nous avons évalué à 17 millions, au tarif de 156 fr. 25, les ressources que procurerait l'exercice des bouilleurs de cru. Tout en se basant sur des chiffres plus récents, cette estimation diffère peu de celles qui l'ont précédée ; M. Carnot estimait, en 1886, le bénéfice à 20 millions ; M. Peytral à 25 millions et M. Yves Guyot à 35 millions. Les évaluations de la production actuelle dressées par l'Administration des Contributions Indirectes sont faites avec la plus grande exactitude ; dans chaque contrôle et dans chaque recette, les employés s'adressent au maire, aux vignerons, surtout aux bouilleurs ambulants qui, ayant intérêt à conserver de bons rapports avec les agents du fisc, donnent les quantités produites. En faisant porter la taxe nouvelle sur ces évaluations, l'exercice des bouilleurs de cru rendra 22.755.000 francs.

Aux taxes fixes sur les liquides qui composent l'impôt des boissons, il faut ajouter la taxe additionnelle d'où dépend le droit de vente ou de fabrication : la licence. On a accusé la licence de n'être qu'une superfétation de l'impôt des patentes ; ces deux droits n'ont aucun rapport, le chiffre de la licence est fixe pour tous les établissements de même nature, quelle que soit leur importance ; le commerçant peut donc en atténuer le poids par son activité : plus il fera d'affaires, plus la licence lui sera légère. Les licences peuvent fournir des ressources nouvelles et l'on peut sans crainte en demander le doublement d'une façon globale, pour avoir un chiffre unique, car la manière dont la licence est maintenant appliquée est injuste. Tels établissements luxueux, les grands cafés, les hôtels, les casinos, payent la même somme que l'humble débit où l'ouvrier vient un instant oublier ses fatigues, que la gargotte où le matelot et le travailleur des quais prennent un modeste repas.

On peut très bien atteindre le chiffre total de l'impôt avec une répartition du droit fondée non seulement sur la population des villes où s'ouvrent les établissements, mais encore sur le genre d'établissement, sur le loyer, faire en un mot une application partielle du projet de M. Salis, député, qui, le 12 mars 1888, demandait la suppression du droit sur les boissons et son remplacement par un droit de licence. Ce projet établissait une première classe de dix catégories pour les fabricants et marchands en gros, une deuxième classe de dix catégories encore où entraient les hôtels, casinos, cercles, épiciers, une troisième classe enfin à trois catégories comprenant les petits débitants, crémiers, gargottiers.

Pour les marchands en gros, brasseurs, distillateurs, on aurait même un élément de calcul plus simple, le compte des entrées et des sorties tenu par l'Administration. Cette pratique serait évidemment plus équitable et n'amènerait aucune réduction du chiffre des débitants, tout en procurant au Trésor une ressource nouvelle de treize millions et demi.

La moyenne du droit de circulation pour les vins et cidres est de trente millions, ressource que nous sommes obligés de garder, car il faut remarquer, pour ne pas être tenté de diminuer notre évaluation, que les quantités frappées du droit de détail rentreront dans le droit commun.

Le budget de 1898 évalue à 170.484.000 francs les droits sur les vins, d'où il faut déduire 30.000.000 que rapporte le droit de circulation. Mais l'unification de ce droit amène des ressources nouvelles ; en prenant pour base une récolte moyenne, la période qui s'étend par exemple de 1887 à 1897, on arrive à une production de 32.476.000 hectolitres, production à laquelle vient s'ajouter une importation moyenne de 5.837.000 hectolitres, soit 38.376.000 hectolitres, et en défalquant l'exportation moyenne, faite en franchise. 1.448.000 hectolitres, la quantité imposable ressort à 36.865.000 hectolitres au tarif de 1 fr. 50, soit 52.297,000 francs ; en déduisant le rapport actuel du droit de circulation, on arrive à un excédent de recettes de 25.290.000 francs.

Il nous reste pour terminer un vœu à formuler.

L'ennemie de toute réforme financière sera éternellement la fraude, le calcul malhonnête et malhabile qui pour un gain subit, pour une exonération d'impôt immédiate, amène l'alourdissement des taxes. Comment lutter contre cette ennemie ? La loi de 1816 renouvelle de l'ancien régime tout un ensemble de pénalités pécuniaires : c'est peu, le vol qui fait subir un dommage à la collectivité est moins sévèrement réprimé que le vol qui ne lèse qu'un seul individu. Le législateur semble ainsi donner lui-même raison au vieil adage : « voler l'Etat, ce n'est voler personne ».

Ce n'est voler personne, parce que personne ne crie immédiatement au voleur ! parce que l'idée de solidarité fiscale n'a pas encore pénétré dans les masses, parce que l'on ne ressent pas aussi vite les dommages du vol collectif que ceux du vol individuel. Bien au contraire, le voleur collectif trouve dans ceux qui l'entourent et qui considèrent d'un œil ironique les agents du fisc dont les démarches sont vaines, une complicité bienveillante. Ces complices plus tard, impuissants à en démêler les causes, se plaindront de l'augmentation des impôts, lorsqu'ils auront eux-mêmes amené cette augmentation.

On a établi en matière de Contributions Indirectes des circonstances atténuantes ; pourquoi n'a-t-on pas établi aussi la circonstance aggravante de la récidive ? Des circonstances atténuantes, il n'y en a pas, elles ne peuvent s'appliquer qu'à de petits délits, des fautes d'omission inconsciente, que les administrateurs auraient considérées d'un œil indulgent et pour lesquelles ils auraient adouci les sévérités de la loi. Le délit fiscal est un acte conscient qui ne mérite aucune indulgence et d'autant plus odieux qu'il peut s'accomplir souvent avec la certitude de l'impunité. Le vœu que nous formulons, c'est de faire rentrer ce délit dans le droit commun.

Des observations répétées ont pu nous convaincre que si les intéressés, au lieu d'être frappés de simples amendes, étaient, comme en Angleterre, punis d'emprisonnement, ou, comme en Allemagne, déchus du droit d'exploiter leur industrie, bien peu se hasarderaient à risquer leur fortune, leur liberté, leur honneur pour un profit illégitime.

Les châtiments ne font pas tout ; qu'importent les lois sans l mœurs ? Il faut créer une moralité fiscale, et l'on n'arrivera que lentement à faire pénétrer cette idée dans les masses.

Puisqu'on apprend à l'enfant la morale individuelle et la morale sociale, pourquoi ne lui apprendrait-on pas à payer l'impôt ? On lui enseigne ses devoirs envers la Patrie, pourquoi ne lui enseignerait-on pas le sacrifice de son intérêt mal entendu ? C'est là le premier des devoirs, c'est le devoir suprême qui permet à un pays de se développer dans la plénitude de ses facultés et de ses ressources. La fraude sera seulement combattue lorsque l'enfant saura, dès l'école, que voler l'Etat ce n'est pas voler personne, mais voler la Patrie. Alors l'heure des dégrèvements sera proche et les institutions financières poursuivront leur libre évolution sous le régime souverain de la Justice et du Droit.

VU :

LE PRÉSIDENT DE LA THÈSE,

P. ROUGIER.

VU :

Lyon, le 8 Janvier 1900

LE DOYEN DE LA FACULTÉ,

E. CAILLEMER.

Permis d'imprimer :

Lyon, le 9 Janvier 1900

LE RECTEUR DE L'ACADÉMIE,

Président du Conseil de l'Université,

G. COMPAYRÉ

BIBLIOGRAPHIE

AOU (Pierre) maître *Traité des Aydes.* 1704.

BAILLÈRE .... *La Bière et l'industrie de la Brasserie*

BERTRAND et DESCHAMPS *Traité de Jurisprudence en matière de Contributions indirectes.* 1896.

CONQUET .... *De l'Impôt des boissons.* 1852.

COUILLANDEAU ..... *L'alcoolisme et le fisc.* 1898 (THÈSE).

DAVID.............. *De l'impôt des boissons.* 1849.

DUPONT (de Nemours) *Rapport fait au nom de la commission des impositions sur les impôts indirects en général et sur les droits de consommation des vins et des boissons en particulier.* (29 octobre 1790).

» *Examen et parallèle des différents projets de droit sur les boissons.* 1790.

DUPRAT (Pascal).... *Rapport fait au nom de la commission chargée d'examiner les propositions de loi relatives à la législation sur la réforme de l'impôt des boissons.* (2 juin 1881).

EHRAS.............. *Le monopole de l'eau-de-vie.* 1881.

ESPINAS............ *Histoire des doctrines économiques.*

FERNEL-BÉCHADE... *Le régime fiscal et économique de l'alcool.* 1898. (THÈSE).

FOULD (Achille)..... *Lettre sur l'impôt des boissons.* 1849.

GEFKEN............. *L'impôt sur l'eau-de-vie en Allemagne.* 1886.

GLADSTONE......... (by the right honorable) *Financial Statements.*

GUYOT (Yves) et RAFFALOWICH *Dictionnaire du commerce, de l'industrie et de la banque* (en cours de publication). 1899.

HOURCADE.......... *Manuel encyclopédique des Contributions Indirectes.* 1899.

JACQUIN............ *Conférences de l'ordonnance sur le fait des aides.* 1703.

JACQUÈME .... *Rapports concernant les modifications qu'il paraît utile d'apporter à la législation de l'impôt sur les bières.*

Sur la législation fiscale du Royaume Uni des Iles Britanniques.

Sur la législation fiscale des Etats-Unis. 1874.

LAVOLLÉE P .... *De l'impôt des boissons.* 1849.

LE TROSNE......... *Effets de l'impôt indirect, prouvés par la gabelle et le tabac.* 1770.

LEROY-BEAULIEU ... *Traité d'économie politique.*

» *Traité de la science des finances.* 1883.

LUNIER Dr.......... *Production et consommation des boissons alcooliques en France.* 1877.

MOLROQUIER........ *Histoire critique de l'impôt des boissons.* 1849.

NECKER. .... *Administration des finances de la France,* 1784

PASTEUR .... *Études sur la bière, ses maladies, causes qui les provoquent.* 1876.

PRAULT. .... *Recueil des Aydes.* 1761.

SAGNIER et OLIBO... *Codes annotés des contributions indirectes* 1879

SAY (Léon)......... *Dictionnaire des Finances.* 1894. (mots : Boissons, Alcool, Bière, Vins, Bouilleurs de cru).

Dictionnaire d'économie politique. 1896. (mots : Boissons).

STOURM............ *Les finances de l'ancien régime et de la Révolution.* 1885.

TRESCAZES.......... *Dictionnaire général des Contributions indirectes.*

WELLS.............. *Rapport sur les impôts aux Etats-Unis.* 1871.

Publications périodiques

La Bière. 1896-1897.

La Brasserie du Nord. 1896-1897.

Le Brasseur Français. 1894.

Bulletin des Contributions Indirectes. 1895-1899.

Bulletin de Statistique et de législation comparée du Ministère des Finances. 1897-1899.

L'Economiste Français. 1899.

Journal des Contributions Indirectes. 1887-1899.

Journal des Economistes. 1899.

Journal de la Vigne. 1894-1896.

Journal de la Distillerie française. 1896.

Moniteur vinicole. 1894.

Revue politique et parlementaire. 1897.

Revue vinicole. 1894-1895.

Statistical abstract for the United Kingdom.

TABLE DES MATIÈRES

MARSEILLE. — IMPRIMERIE MARSEILLAISE, RUE SAINTE, 39

www.ingramcontent.com/pod-product-compliance
Ingram Content Group UK Ltd.
Pitfield, Milton Keynes, MK11 3LW, UK
UKHW021152260726
13994UKWH00001B/420

9 782329 447971